Rítmica e Levadas

BRASILEIRAS PARA O PIANO

Novos conceitos para a rítmica pianística

TURI COLLURA

terra da música

AGRADECIMENTOS

Meus agradecimentos para a realização desta obra vão aos amigos: Claudio Dauelsberg (primeiro pianista que me iniciou nos ritmos brasileiros e que me forneceu diretrizes importantes para a pesquisa); Phil De Greg (professor de jazz na University of Cincinnati College Conservatory of Music, pela sugestão do que neste livro tornou-se o exercício nº 28); Leandro Braga (pelas preciosas informações sobre os ritmos brasileiros e suas características); Rosana Giosa (pela valiosa leitura crítica do trabalho); Edu Szajnbrum (pela consultoria na programação de bateria e percussão); Douglas Lira (pela flauta na faixa 63 do CD).

Este livro é dedicado a Neusinha, "minha amiga e companheira no infinito de nós dois".

FICHA TÉCNICA

Assistente de Produção: Neusinha Escorel
Arte da capa: Diego Pontes
Diagramação eletrônica e finalização: Terra da Música
Revisão de texto: Thiago Costa Veríssimo
Projeto gráfico: Turi Collura e Neusinha Escorel
Programação digital e gravação do CD: Turi Collura

Acompanham este método **Áudios MP3**.
Para fazer o download dos arquivos acesse:
https://www.terradamusica.com.br/**mylibrary**

PREFÁCIO

Quem ouve a música de pianistas como Egberto Gismonti, César Camargo Mariano, Tânia Maria, dos pianistas cubanos Gonzalo Rubalcaba e Chucho Valdés ou de Michel Camilo -para citar apenas alguns dos nomes mais conhecidos- pode observar a riqueza rítmica que a caracteriza. Uma análise mais atenta revela algumas transposições para o piano de elementos rítmicos afro-americanos, afro-brasileiros, afro-cubanos. Quem ouve, ainda, o disco *Köln Concert* do pianista Keith Jarrett, percebe, além de uma polirritmia marcante, elementos percussivos aplicados ao piano. Veja-se, por exemplo, o segundo movimento desse disco: começa com um *paradiddle* funcionando como *ostinato* na mão esquerda. Por sinal, Keith Jarrett tem experiência na bateria e suas improvisações revelam um domínio marcante do elemento rítmico.

Nascido no final do século XVII, o piano pertence à família de instrumentos de percussão e é o instrumento sucessor de vários outros de teclas. Os primeiros pianos se afirmaram somente a partir da metade do século XVIII, e o instrumento tem sido, ao longo dos séculos, o ícone da erudição musical.

A técnica pianística desenvolveu-se ao longo da história no que diz respeito a escalas, exercícios para velocidade e articulação. Sabemos que a música européia evoluiu grandemente no que diz respeito à harmonia, mas muito pouco sob o ponto de vista rítmico. Logo, a ênfase no elemento rítmico é fato recente.

A riqueza rítmica se deve à influência da música africana que, especialmente no Novo Mundo, teve a oportunidade de fecundar as novas músicas populares. Os ritmos sincopados, que os escravos africanos veicularam pelo mundo afora, serviram como semente para uma música ritmicamente mais rica.

No Brasil, esse desenvolvimento musical, criou uma riqueza rítmica que é objeto de interesse de músicos e estudiosos do mundo inteiro. Em Cuba, a música de descendência africana criou outra grande escola. Nos EUA, o jazz demonstrou a impossibilidade de se prender o *swing* à partitura.

Enquanto, de forma geral, o ensino tradicional da música continuou não precisando abrir seus horizontes didáticos para o desenvolvimento rítmico do instrumento, a música popular inventou novas abordagens, precisando adaptar as habilidades do instrumentista às novas exigências. A partir dessas considerações, começamos a olhar de forma diferente essa abordagem para o piano na música popular. Eis aqui então uma proposta para trabalhar a coordenação, a independência entre as mãos e para desenvolver a consciência da rítmica e da pulsação.

Como indicado no título deste livro, *Rítmica e levadas brasileiras para o piano*, apresentarei estudos para a independência e coordenação, juntamente com desenhos rítmicos característicos da música brasileira. Com o termo *levada* entendemos um determinado desenho rítmico a ser executado, principalmente como acompanhamento. Assim, por exemplo, um samba é caracterizado por alguns desenhos rítmicos que lhe são próprios. Isso, no jargão musical, chama-se *levada*.

Este manual é fruto da minha pesquisa e trabalho desenvolvidos há diversos anos com alguns alunos do Curso de Música Popular da Faculdade de Música do Espírito Santo. Trata-se de uma iniciação aos ritmos brasileiros e ao estudo rítmico nas teclas. Os resultados positivos me levaram a escrever este método de forma sistematizada para apresentá-lo a um público mais amplo. Parece-me apenas o começo. Assim, espero que esta metodologia possa contribuir a esse novo campo de conhecimento, e que outros pesquisadores possam acrescentar conquistas preciosas para a formação dos pianistas nessa área.

ÍNDICE

PRIMEIRA PARTE: ESTUDOS RÍTMICOS

SEGUNDA PARTE: FIGURAS RÍTMICAS BRASILEIRAS

APRESENTAÇÃO

Bem-vindo ao estudo deste livro! Aqui você terá a oportunidade de entrar em contato com alguns conceitos e termos novos para a maioria dos pianistas. De fato, esta obra é um guia inovador para uma abordagem rítmica ao piano que mudará seu jeito de tocar.

A metodologia apresentada ajuda o pianista a desenvolver sua coordenação rítmico-motora, a independência e a polirritmia, além de se aprofundar num interessante repertório de padrões rítmicos brasileiros aplicados às teclas.

O livro é dividido em duas partes mais um apêndice. A primeira parte traz um novo olhar sobre conceitos e práticas da bateria e percussão aplicados ao piano. Nessa seção, o leitor tem contato com *paradiddles*, *strokes* e outros fundamentos de bateria, tendo à disposição uma aplicação sistematizada ao piano desses conceitos, resultando em interessantes exercícios rítmicos e de coordenação das mãos.

A segunda parte do livro trata dos ritmos brasileiros aplicados às teclas, propondo padrões rítmicos, exercícios e transcrições de pianistas consagrados. São apresentadas mais de 50 diferentes levadas nos ritmos de Samba, Baião, Partido Alto, Bossa Nova, Maracatu, Frevo, Choro, Samba-funk, etc. e mais de 90 exercícios só nessa seção.

O apêndice contém alguns exercícios de independência e coordenação rítmica que acompanham o estudo do livro inteiro.

Outra proposta inovadora deste método é a de praticar a divisão de cada mão em duas ou três partes, para que cada uma delas toque de forma independente e coordenada. Consideramos as partes de cada mão como um conjunto de tambores. Cada parte da mão toca, assim, algum componente do ritmo.

Vejamos um exemplo: a figura ao lado indica as três partes da mão direita. Assim, a figura de samba abaixo pode ser realizada pelas três partes da mão, veja:

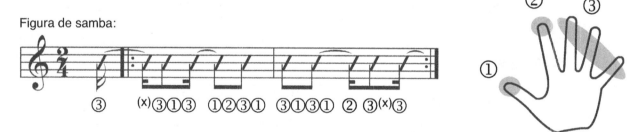

Seguindo a sequência acima, sua realização nas teclas pode ser, por exemplo, a seguinte:

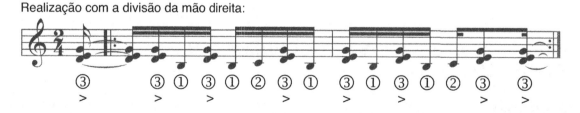

Pode-se observar que os acentos principais da levada original são tocados pela parte 3 da mão, enquanto as outras partes acrescentam toques que conferem *swing*. O princípio é igual ao de um pandeirista, que batuca, com uma mão só, acentos primários e secundários.

São apresentadas, também, algumas transcrições de pianistas consagrados como César Camargo Mariano, Tânia Maria, Egberto Gismonti, entre outros. A observação de suas performances revela que eles usam o recurso da divisão da mão aqui apresentado, assim como, também, aplicam fundamentos da percussão, práticas essas até agora pouco pesquisadas pela didática musical pianística.

Por exemplo, uma rápida olhada na rítmica que César Camargo Mariano usa na música *Samambaia* mostra o potencial dessa proposta. Vejamos aqui rapidamente o que será aprofundado ao longo do livro:

Fragmento da levada de *Samambaia*, de César Camargo Mariano (do disco *Solo brasileiro*):

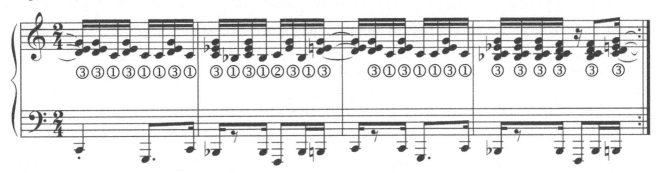

No primeiro compasso a mão direita executa um *paradiddle*. Os acentos desse desenho marcam também a polirritmia 3+3+2 (esses conceitos serão explicados adiante).

Os padrões rítmicos apresentados aqui são acompanhados por vários exemplos e exercícios. O mais importante é que o pianista aprenda a usar (e pensar) as suas mãos ritmicamente! Para isso, torna-se importante a repetição dos movimentos, usando velocidades progressivas nos estudos, de forma parecida com a rotina dos bateristas. Ao praticar os exercícios, use um metrônomo. Comece lentamente para, gradativamente, acelerar, buscando sempre manter uma execução precisa e definida.

Não tenha pressa! Amadureça cada levada antes de passar para a sucessiva. Isso pode significar, às vezes, permanecer num estudo por mais de um dia, até dominá-lo completamente. Somente dessa forma, interiorizados o movimento e a coordenação rítmico-motora, passaremos a tocar ritmicamente sem esforço e com precisão.

Observe, também, que muitos dos exercícios deste livro podem ser estudados não somente à frente de um piano, mas em muitas outras circunstâncias, batucando qualquer superfície. Pense nos desenhos rítmicos que representam sua levada: é importante que sua mente saiba o que está realizando e aprendendo. Dessa forma, você estará estudando e desenvolvendo mesmo longe de seu instrumento. Toque sempre relaxado e não sobrecarregue seus músculos.

De certa forma, hoje um livro pode se tornar "vivo" se existir uma relação, um contato, entre o leitor e o autor. Acesse periodicamente o site www.turicollura.com.br e fique informado sobre novas publicações, estudos, exercícios, bases, etc. Entre em contato, mantenha-se atualizado.

APROVEITE AO MÁXIMO ESTE MÉTODO

- Assista aos vídeos que integram este livro, internalize cada exercício, cada exemplo, cada música. Experimente tocar junto.

- Os áudios referentes a cada estudo são assinalados com o símbolo

- Tenha paciência durante a aprendizagem. Você está fixando as bases de suas novas habilidades.

- Procure entender cada ritmo de forma consciente, superando a fase da imitação.

- Passe a "batucar" os ritmos que aprender, mesmo estando longe das teclas.

- Repita cada exercício muitas vezes, de forma a ativar sua memória muscular.

- Toque sempre relaxado, não sobrecarregue seu corpo.

Sem ritmo não há nada.
Sem o ritmo e sua alternância não há estações,
não há vida nem morte, não há respiro,
não bate coração.

Primeira Parte

Estudos Rítmicos

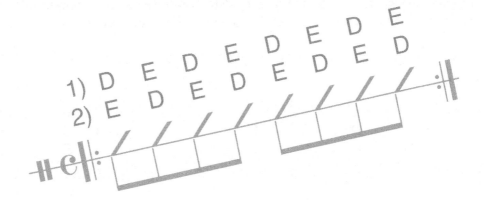

1 FUNDAMENTOS DE BATERIA E PERCUSSÃO APLICADOS AO PIANO

Apresento aqui alguns conceitos da bateria/percussão e sua aplicação ao piano. É preciso ressaltar que os elementos que compõem os estudos da bateria são muitos, existindo inúmeros métodos que tratam exclusivamente disso. Nem todos os fundamentos são aplicáveis ao piano de forma interessante para um resultado "artístico".

Para fins didáticos, seleciono alguns desses fundamentos que me parecem úteis ao trabalho, proporcionando uma nova maneira de pensar o piano ritmicamente.

SINGLE STROKE: nos estudos de bateria e de percussão, o termo *single stroke* define um toque simples, alternado entre as mãos, por exemplo direita-esquerda ou viceversa. Vejamos abaixo (E = mão esquerda; D = mão direita). A partir desse momento usarei o termo em português *toque simples*.

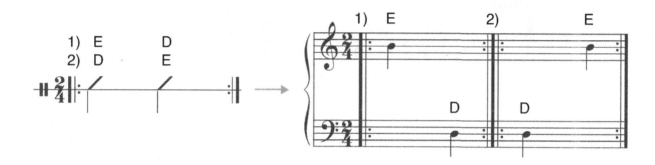

No *toque simples* as mãos tocam sempre (e somente) de forma alternada, independente de qual for o valor das notas (mínimas, semínimas, colcheias, etc.). Veja (batuque) alguns exercícios abaixo:

Exercício n° 1

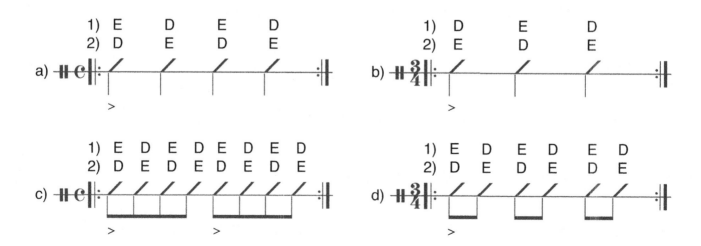

ALTERNÂNCIA DE FIGURAS RÍTMICAS USANDO O *SINGLE STROKE*

Proponho praticar o próximo exercício batucando longe das teclas para, sucessivamente, aplicá-lo ao piano. Logo podemos constatar, na figura abaixo, que, terminada a sequência, ao recomeçar, as mãos se invertem: por exemplo, começando pelo 1) ao voltar se vai para o 2) e viceversa.

Exercício nº 2   ($\bullet$ = 70 a 90 *bpm*)

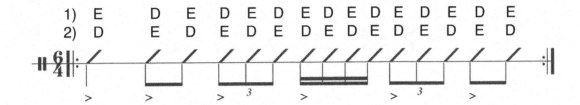

É interessante praticar também trechos do exercício nº 2 como proposto abaixo:

Exercício nº 3

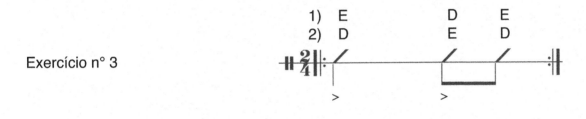

Exercício nº 4

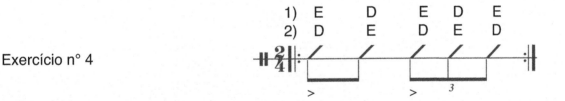

Exercício nº 5

Trata-se, ainda, de exercícios simples. Todavia acredito que sua abordagem seja bastante inusitada para o pianista. Os mesmos exercícios se tornarão mais interessantes nas próximas páginas.

EXEMPLO DE APLICAÇÃO DO TOQUE SIMPLES NO ACOMPANHAMENTO DE "ISN'T SHE LOVELY"

A seguir podemos observar um exemplo de aplicação do *toque simples* no acompanhamento da música "Isn't she lovely", de Stevie Wonder. Os acentos possuem um papel importante na execução.

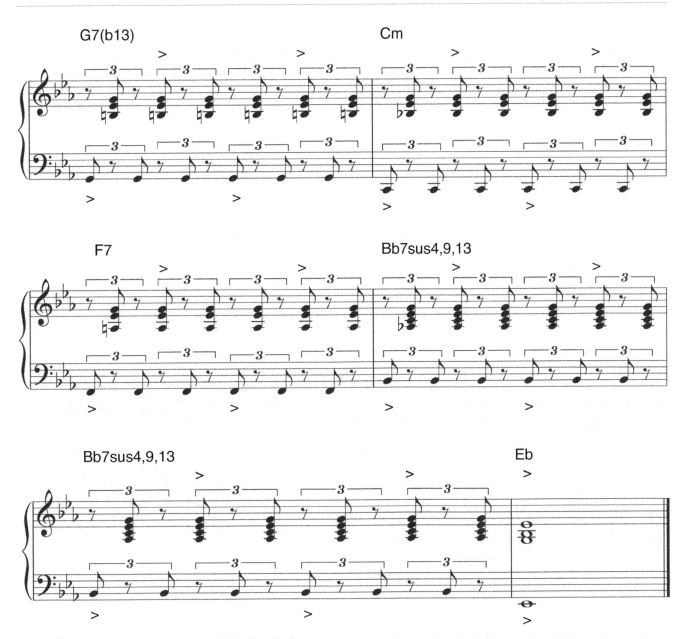

No acompanhamento apresentado acima, interpretamos o tempo 4/4 como se fosse um 12/8, isto é, colocamos uma tercina em cada pulsação. O acompanhamento se torna bem interessante. Obviamente, a alternância entre as mãos proposta pelo *toque simples* pode ser interpretada de forma mais livre, como mostra a figura a seguir:

A DIVISÃO DA MÃO EM TRÊS PARTES

Dividimos cada mão em três partes, como indicado na figura abaixo. Cada parte da mão toca, de forma independente das outras, algum componente do ritmo. Praticamos aqui alguns exercícios preliminares para desenvolver a coordenação.

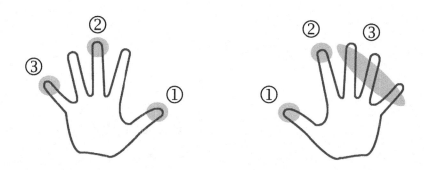

(**Importante**: ao longo do livro, esses números indicam as partes das mãos e não os dedos).

- A mão direita

A primeira parte é representada pelo polegar. A segunda, pelo dedo indicador e a terceira, pelos dedos restantes. Essa última parte toca os acentos fortes. Usando as partes ① e ③ da mão, podemos tocar os *toques simples* antes apresentados, agora, com uma só mão. Vejamos:

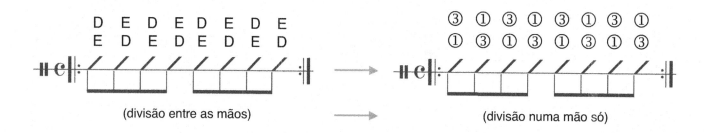

A sequência, antes dividida entre as mãos, pode ser realizada também com duas partes de uma mão só.

Pratique colocando os acentos na parte ① da mão e, depois, na parte ③ como indicado abaixo:

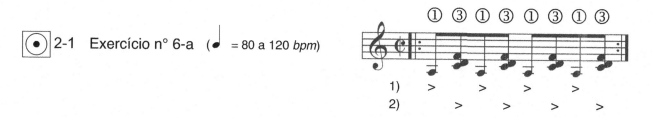

2-1   Exercício n° 6-a   (♩ = 80 a 120 *bpm*)

Voltando aos primeiros exercícios do *toque simples,* poderemos praticá-los aplicando a alternância entre as partes da mão (ao invés da alternância entre as mãos).

Podemos alternar como indica a figura abaixo, utilizando as três partes da mão:

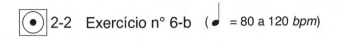 2-2   Exercício n° 6-b   (♩ = 80 a 120 *bpm*)

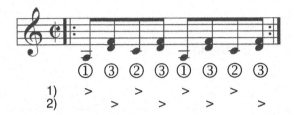

- A mão esquerda

Na divisão da mão esquerda estão indicados três dedos, como mostra a figura da página anterior. Os outros dois dedos podem ser usados ora por uma parte da mão, ora por outra, segundo as circunstâncias. Veremos isso em detalhe nos tópicos a seguir.

DOUBLE STROKE: nos estudos de bateria e de percussão, esse termo define um *toque duplo*, por exemplo direita-direita, ou esquerda-esquerda. É chamado, também, de *papa-mama*. Vejamos:

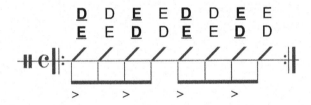

Existem vários exemplos de *toque duplo* na literatura pianística, erudita e não-erudita. Apresento alguns exemplos em seguida. Todos os exemplos apresentados utilizam a divisão da mão e permitem produzir passagens de grande efeito:

Maple Leaf Rag (Scott Joplin)

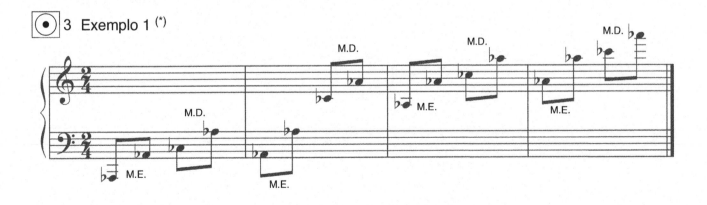

(*) 3 Exemplo 1 (*)

(*) M.E. equivale à "mão esquerda"; M.D. equivale à "mão direita".

TRANSCRIÇÃO DE PADRÕES: HERBIE HANCOCK

Os próximos dois exemplos, baseados no *toque duplo,* são padrões bastante usados pelo pianista Herbie Hancock. [1]

 4-1   Exemplo 2

 4-2   Exemplo 3

1) Os fragmentos apresentados nos exemplos 2 e 3 estão baseados na escala diminuta S-T (semitom-tom) de Dó. Para o estudo dessa escala, de suas características e aplicações, veja o meu livro *Improvisação: práticas criativas para a composição melódica na música popular,* Vol.2, publicado pela Editora Irmãos Vitale.

Outro exemplo:

4-3   Exemplo 4

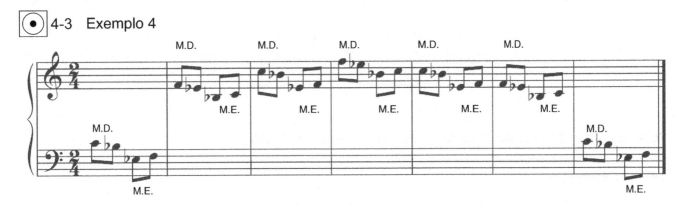

Abaixo há alguns exercícios para praticar a divisão das mãos e sua coordenação. Escolha um acorde de seu gosto para dividir a mão direita; a esquerda pode alternar o baixo em oitavas. Use um metrônomo, começando lentamente e, aos poucos, na medida em que sentir que está alternando os dedos com precisão rítmica, acelere gradativamente a velocidade. Os toques entre parênteses (x) são mais leves. Vejamos:

Exercício nº 7

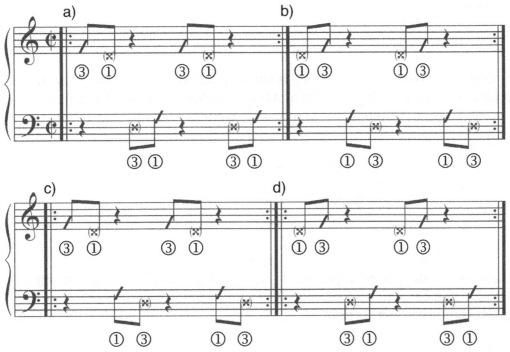

O *toque duplo* ainda possibilita outras combinações de alternância entre as mãos. Experimente-as aplicando a divisão da mão.

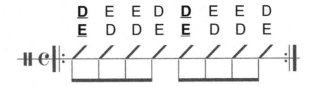

TRIPLE STROKE: esse termo define um *toque triplo*:

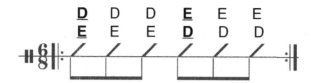

Vejamos um exemplo interessante de aplicação do *toque triplo*:

 5 Exemplo 5

PARADIDDLE: O *paradiddle* é a soma do *toque simples* com o *toque duplo*. Esse é um fundamento muito importante da bateria e logo observamos que se faz muito interessante para o desenvolvimento rítmico do pianista. Começamos com o mais comum, o *paradiddle* simples.

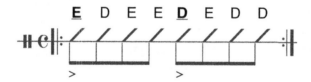

O *paradiddle* acima pode, por exemplo, ser transposto para as teclas como mostram os próximos dois exercícios (estes em Dm). Estude uma versão de cada vez, lentamente e repetidamente. Experimente velocidades de 60 a 90 bpm.

6 Exercício n° 8

A versão b) usa a divisão da mão esquerda em duas partes (① e ③). A versão c) acrescenta a divisão da mão direita em duas partes. A versão d) acrescenta a divisão da mão esquerda em três partes.

 6 Exercício n° 9

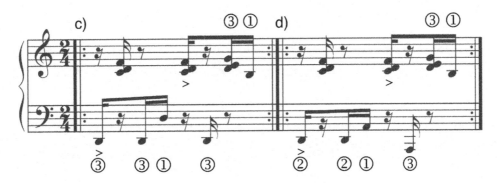

As possibilidades de aplicação dos *paradiddles* oferecidas ao pianista são realmente muitas. Pensemos, por exemplo, na possibilidade de realizar o *paradiddle* somente com uma mão, enquanto a outra toca diferentes figuras rítmicas ou uma melodia. O próximo exercício mostra a realização do *paradiddle* com a mão esquerda. Logo depois da versão a) o exercício mostra alguns desenhos rítmicos que são obtidos omitindo algumas notas do *paradiddle* de partida. Vejamos:

⊙ 7 Exercício n° 10

Dividindo a mão em três partes podemos obter mais variações, entre as quais, por exemplo:

O próximo exemplo mostra um desenho rítmico na mão esquerda derivado do *paradiddle* enquanto a mão direita executa um desenho melódico-harmônico.

 8 Exemplo 6

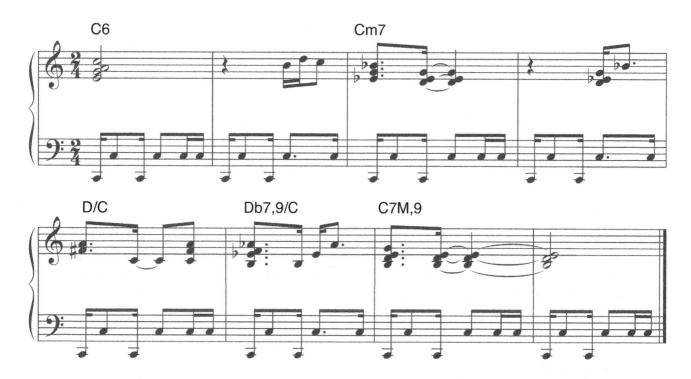

INVERSÕES DO *PARADIDDLE*

A partir de cada uma das oito colcheias que compõem o *paradiddle* apresentado anteriormente, obtemos diferentes inversões, formando novos *paradiddles*, apresentados em seguida. Estudaremos com calma e detalhadamente cada um. Os acentos de cada *paradiddle* caem nas notas evidenciadas em negrito (veja a figura abaixo)

1) **E** D E E **D** E D D
2) **D** E E D **E** D D E
3) **E** E D E **D** D E D
4) **E** D E D **D** E D E
5) **D** E D D **E** D E E
6) **E** D D E **D** E E D
7) **D** D E D **E** E D E
8) **D** E D E **E** D E D

Estude cada uma das inversões apresentadas. Pratique, por exemplo, uma inversão por dia, procurando fixar e interiorizar cada *paradiddle*. Use um metrônomo.

A prática e a interiorização dos *paradiddles* requer tempo e não é uma tarefa tão simples. Aconselho prosseguir, de forma paralela, no estudo dos próximos tópicos do livro.

Paradiddle 2: D E E D E D D E

O *paradiddle* 2 pode ser transposto para as teclas, por exemplo, como mostra o próximo exercício (todas as versões em Dm):

9 Exercício n° 11 (♩ = 60 a 80 *bpm*)

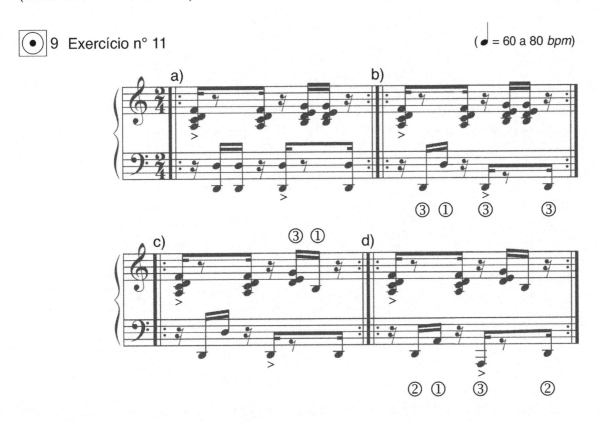

O exercício seguinte mostra alguns desenhos rítmicos aplicados à mão esquerda relativos ao *paradiddle* 2. Invente e escreva no espaço em branco outro desenho.

Exercício n° 12

É útil estudar os *paradiddles* e absorver a alternância de movimentos que proporcionam, pois habilitam o pianista a realizar inúmeras figuras rítmicas.

Paradiddle 3:   E̲ E D E D̲ D E D

Seguindo os exemplos anteriores, o *paradiddle* 3 pode ser traduzido nas teclas como mostra o próximo exercício (todas as versões em Dm):

⦿ 10   Exercício n° 13   (♩ = 60 a 80 *bpm*)

O exercício seguinte mostra alguns desenhos rítmicos aplicados à mão esquerda relativos ao *paradiddle* 3. Invente e escreva no espaço em branco outro desenho.

Exercício n° 14

Paradiddle 4:

Seguindo os exemplos anteriores, o *paradiddle* 4 pode ser traduzido nas teclas como mostra o próximo exercício (todas as versões em Dm):

⊙ 11   Exercício nº 15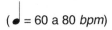

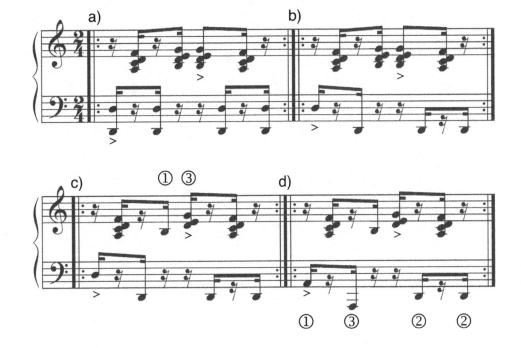

O exercício seguinte mostra alguns desenhos rítmicos aplicados à mão esquerda relativos ao *paradiddle* 4. Invente e escreva no espaço em branco outros desenhos.

Exercício nº 16

Paradiddle 5:

O *paradiddle* 5 pode ser traduzido nas teclas como mostra o próximo exercício (todas as versões em Dm):

⊙ 12 Exercício n° 17   (♩ = 60 a 80 *bpm*)

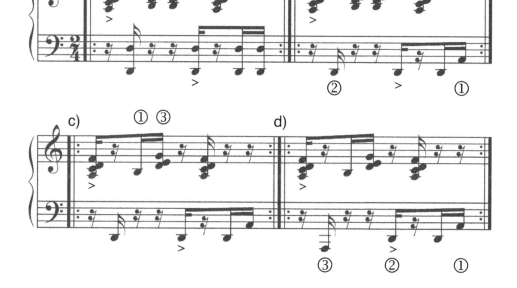

O exercício seguinte mostra alguns desenhos rítmicos aplicados à mão esquerda relativos ao *paradiddle* 5. Invente e escreva no espaço em branco outros desenhos.

Exercício n° 18

Paradiddle 6: <u>E</u> D D E <u>D</u> E E D

O *paradiddle* 6 pode ser traduzido nas teclas como mostra o próximo exercício (todas as versões em Dm):

⊙ 13 Exercício n° 19   (♩ = 60 a 80 *bpm*)

O exercício seguinte mostra alguns desenhos rítmicos aplicados à mão esquerda relativos ao *paradiddle* 6. Invente e escreva no espaço em branco outros desenhos.

Exercício n° 20

25

Paradiddle 7: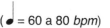

O *paradiddle* 7 pode ser traduzido nas teclas como mostra o próximo exercício (todas as versões em Dm):

 14 Exercício nº 21

(♩ = 60 a 80 *bpm*)

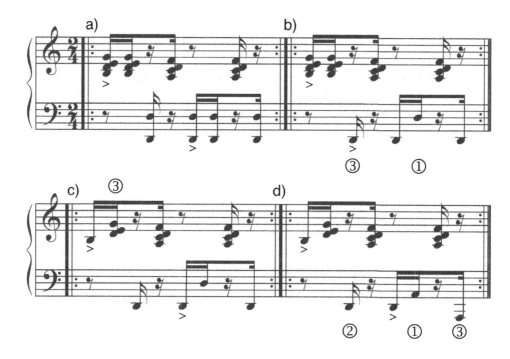

O exercício seguinte mostra alguns desenhos rítmicos aplicados à mão esquerda relativos ao *paradiddle* 7. Invente e escreva no espaço em branco outros desenhos.

Exercício nº 22

***Paradiddle* 8:**   **D** E D E **E** D E D

O *paradiddle* 8 pode ser traduzido nas teclas como mostra o próximo exercício (todas as versões em Dm):

15   Exercício n° 23   ($\quad$ = 60 a 80 *bpm*)

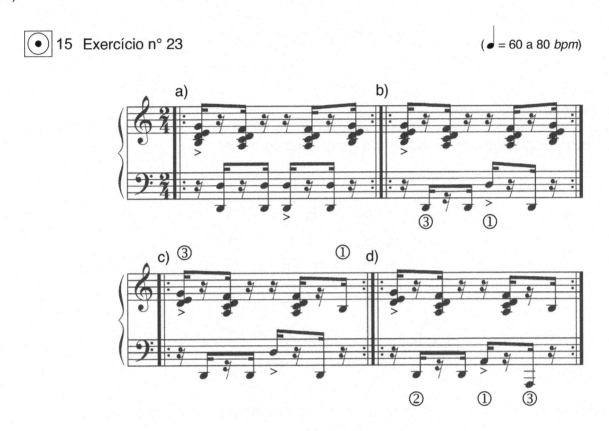

O exercício seguinte mostra alguns desenhos rítmicos aplicados à mão esquerda relativos ao *paradiddle* 8. Invente e escreva no espaço em branco outros desenhos.

Exercício n° 24

PARADIDDLE DUPLO

Esse *paradiddle* é usado nos tempos ternários, sobretudo no compasso 6/8. Não o aprofundarei neste livro, mas acho interessante mostrá-lo. Vale para o *paradiddle* duplo tudo o que foi mostrado sobre o *paradiddle* simples.

EDEDEE **D**EDEDD

OUTRAS COMBINAÇÕES DE TOQUES

Além dos *paradiddles* existem outras combinações de toques simples, duplos e triplos. Vejamos alguns outros mais relevantes para serem explorados ao piano:

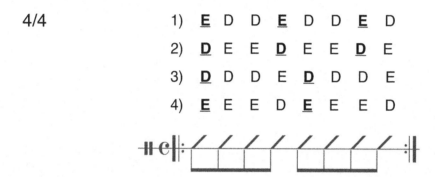

4/4

1) **E** D D **E** D D **E** D

2) **D** E E **D** E E **D** E

3) **D** D D E **D** D D E

4) **E** E E D **E** E E D

As combinações 1) e 2) acima dividem as oito notas do compasso em grupos de 3+3+2.

Alguns exemplos:

16 Exemplo 7 (combinação 1)

E   D   D   E   D   D   E   D .... etc...

TRANSCRIÇÃO DE LEVADA: *CANTALOUPE ISLAND* (HERBIE HANCOCK)

Na combinação 1) está fundamentada a levada rítmica da música *Cantaloupe Island*, mesmo que com alguma modificação:

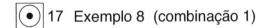 17 Exemplo 8 (combinação 1)

E   D   D   E   D (D   E   D) .... etc...

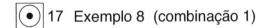 18 Exemplo 9 (combinação 2): sua mão esquerda oferece um eficaz acompanhamento no baião:

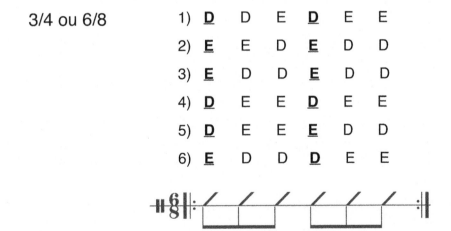

3/4 ou 6/8

1) **D** D E **D** E E
2) **E** E D **E** D D
3) **E** D D **E** D D
4) **D** E E **D** E E
5) **D** E E **E** D D
6) **E** D D **D** E E

Seguindo os critérios apresentados acima, é possível produzir combinações de toques para qualquer tempo de compasso, como por exemplo 5/4 (3+2 ou 2+3), 7/4 (3+2+2, 2+2+3, etc.) e outros.

2 RÍTMICA NA MELODIA

EXERCÍCIOS RÍTMICOS DE COORDENAÇÃO

Aqui alguns exercícios para desenvolver a capacidade de passar de um valor de notas para outro sem perder o andamento ou a coordenação das mãos.

19-1   Exercício n° 25

(♩ = 60 a 80 *bpm*)

19-2   Exercício n° 26

c) (mesmo dedilhado)

19-3   Exercício n° 27

a)

b)

c)

d)

NOTAS DE DIFERENTE DURAÇÃO NA MELODIA

A construção de melodias que contenham notas, ou grupos de notas, de diferente duração (ora colcheias, ora semínimas, mínimas ou tercinas, por exemplo), proporciona resultados interessantes. Observe o exemplo abaixo: a melodia alterna grupos de colcheias, tercinas e semicolcheias.

⦿ 20   Exemplo 10

Ao estudar as escalas, é possível aplicar várias alternâncias rítmicas como, por exemplo, as das figuras abaixo:

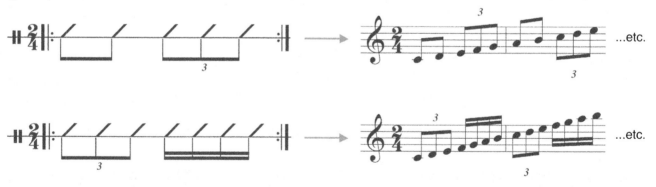

ESTUDO SINCOPADO PARA AS ESCALAS

Apresento em seguida um exercício muito eficaz para inúmeras aplicações. Trata-se de deslocar as pausas sobre cada uma das oito colcheias que compõem cada compasso. Estude com o metrônomo em velocidades progressivas, de 60 a 100 *bpm*.

21 Exercício n° 28

($\quad$ = 100 *bpm*)

É possível praticar o exercício n° 28 com algum acompanhamento em *ostinato*, como mostra o exercício abaixo:

22-1 Exercício n° 29a

Experimente dobrar o tempo da mão direita, como mostra o exercício abaixo.

22-2   Exercício n° 29b

(♩ = 115 *bpm*)

..etc.

EXERCÍCIO DE COORDENAÇÃO MELODIA/ACOMPANHAMENTO

O próximo exercício visa desenvolver a capacidade de deslocar o acompanhamento da mão esquerda enquanto a mão direita improvisa ou toca uma melodia. A mão direita toca o exercício n. 28 inteiro. Junto a isso, procure tocar um acorde (com a mão esquerda) colocando-o junto à primeira colcheia do compasso. Sucessivamente, repita o exercício inteiro colocando o acompanhamento junto à segunda colcheia, depois à terceira, etc., como proposto no exercício n° 28. Dessa forma é possível treinar as síncopes da mão direita e o deslocamento rítmico da esquerda. Vejamos a seguir.

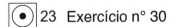 23 Exercício n° 30

1) acorde na primeira colcheia:

...etc.

2) acorde na segunda colcheia:

...etc.

3) acorde na terceira colcheia:

...etc.

4) acorde na quarta colcheia:

...etc.

Para alcançar uma boa independência das mãos, pode-se isolar uma célula rítmica de acompanhamento para a ela sobrepor alguns estudos progressivos na mão direita. A seção Apêndice, no final deste livro, contém alguns estudos para esse fim. Use-os como referência durante a leitura do livro todo. Com efeito, ao longo das páginas, são apresentadas várias levadas para a mão esquerda. Poderemos, então, nos referir aos exercícios do Apêndice para aplicar as levadas que, naquele momento de nosso estudo, estamos aprendendo. Estude agora os acompanhamentos de 1 a 4 apresentados à página 98 aplicando-os aos exercícios de 116 a 122.

POLIRRITMIA

Polirritmia significa o emprego simultâneo de duas ou mais estruturas rítmicas diferentes. Sobrepomos aqui uma combinação de toques 3+3+2 (veja os acentos da mão direita distribuídos entre as oito semicolcheias de cada compasso) a uma pulsação binária (mão esquerda). Observe as versões a), b) e c). Para a divisão das mãos veja as figuras à pag. 12.

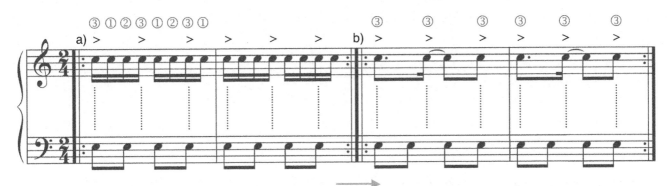

A versão a) pode se tornar a versão b),
em que são tocadas somente as notas acentuadas

A versão b) mostra uma polirritmia em que a mão direita toca 3 notas por compasso enquanto a mão esquerda toca 4 notas. Na versão c) a mão direita toca 3 notas enquanto a mão esquerda toca 2 notas.

A polirritmia pode se dar também em uma melodia, na qual são evidenciados determinados acentos. O exemplo seguinte é um trecho de *The Entertainer* (Scott Joplin). Observamos que os acentos da melodia apontam para uma sobreposição de 3+3+2, vejamos:

Exemplo 11

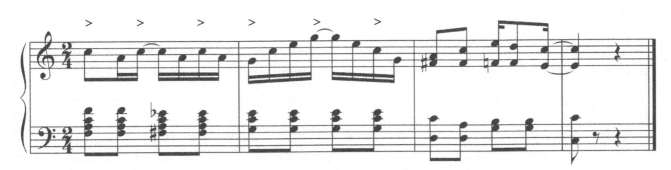

As figuras abaixo mostram a inversão das mãos na realização das polirritmias apresentadas antes:

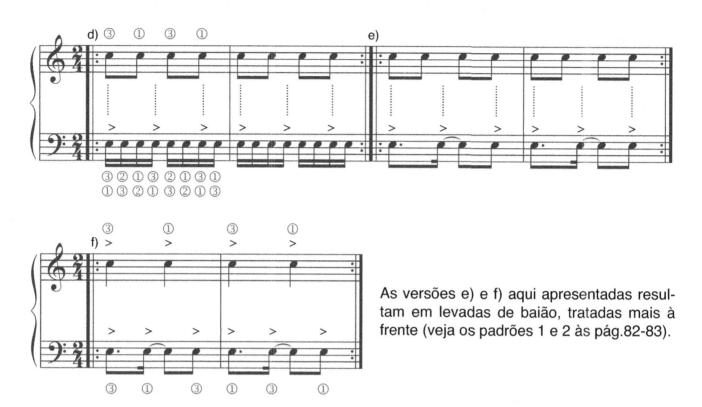

As versões e) e f) aqui apresentadas resultam em levadas de baião, tratadas mais à frente (veja os padrões 1 e 2 às pág.82-83).

Outra combinação interessante de acentos é a 3+3+3. Depois de executar as figuras abaixo, experimente inverter as mãos.

Segunda Parte

Figuras
Rítmicas Brasileiras

1 A RÍTMICA BRASILEIRA: CARACTERÍSTICAS E CÉLULAS DE BASE

Na música brasileira encontramos algumas células rítmicas características. A primeira delas é chamada, frequentemente, de *célula mãe* (conhecida, também, como *o garfo*), presente em todos os gêneros que estudamos nesse livro:

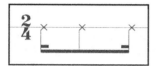   Escrita de outra forma:

É importante observar que a realização dessa célula não corresponde, exatamente, à sua notação. Muitas vezes, ela se apresenta levemente "tercinada":

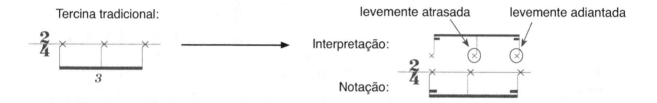

Outra célula rítmica recorrente:

Duas combinações rítmicas importantes:

A escrita em duas alturas diferentes nos remete, por exemplo, ao som do agogô, um instrumento entre os mais antigos utilizados no samba.

Essa célula está presente nos ritmos do nordeste como baião, toada, maracatu, frevo etc.

A POLIRRITMIA

Traço peculiar da música brasileira é a polirritmia, isto é, o emprego simultâneo de duas ou mais estruturas rítmicas diferentes. Veja o exemplo a seguir:

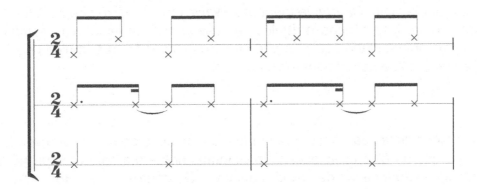

A SÍNCOPE NAS MELODIAS

De forma geral, a síncope é um elemento característico da música brasileira, que influencia, diretamente, as melodias. Na imagem a seguir, observamos como uma figura rítmica inicial se transforma, progressivamente, em algo mais sincopado.

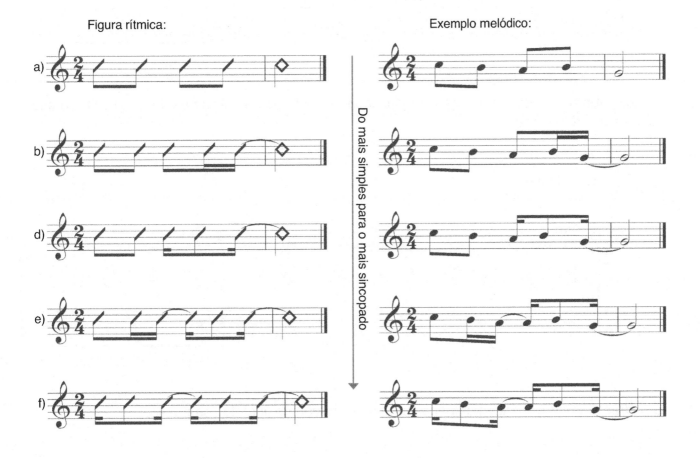

2 BOSSA NOVA

A *bossa nova* surgiu nos anos 50, misturando os elementos rítmicos do samba e as progressões harmônicas do jazz. Seu ritmo é menos sincopado que o do *samba*, e sua condução mais linear, especialmente nos andamentos lentos e meio-lentos (pensemos em músicas como *A Insensatez*; *Corcovado*, etc.). Nesses casos o baixo tende a ficar na fundamental do acorde. Já nos andamentos mais rápidos (por exemplo, *Garota de Ipanema*, *Wave*, etc.), o baixo alterna a fundamental com o quinto grau do acorde. A simplificação rítmica da *bossa nova* em relação ao *samba,* às vezes, é mais marcada, como apresentado aqui nos padrões 1 e 2. Já as figuras rítmicas mais sincopadas, como os padrões de 3 a 7, a aproximam mais ao samba.

Padrão 1

Apresento três versões desse padrão; o que muda é a condução do baixo. Sua versão *a)* é a mais simples, ao passo que as *b)* e *c)* acrescentam algumas notas em contratempo no baixo. Essas notas (semicolcheias) são tocadas de forma mais leve. Os padrões 1 e 2 aqui apresentados são os mais simples e os que mais se distanciam da essência do *samba*. Talvez sua melhor aplicação seja nos tempos lentos.

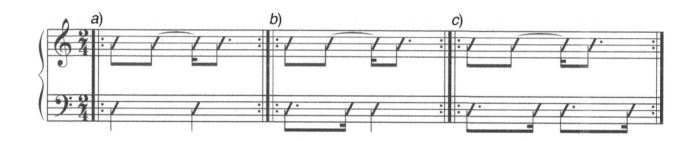

A figura abaixo mostra uma possível realização de cada padrão. Acompanhe pelo CD e pratique cada exercício proposto.

 24   Exercício n° 31

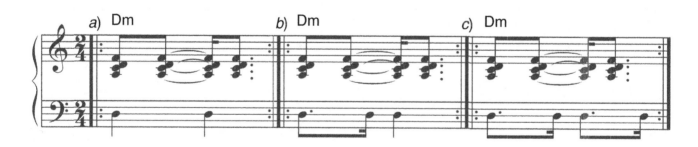

O padrão seguinte acrescenta apenas uma antecipação no final do compasso.

PADRÃO 2

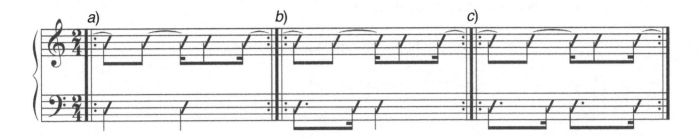

A figura a seguir mostra uma possível realização de cada padrão. Acompanhe pelo CD e pratique cada exercício proposto.

🔘 25   Exercício n° 32

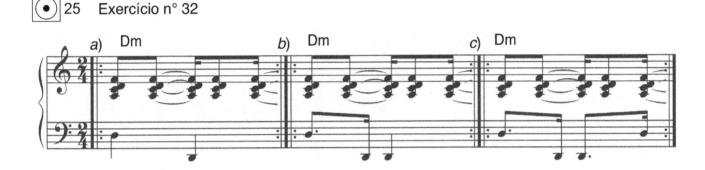

O próximo exercício mostra a aplicação do **PADRÃO 2** a uma sequência de acordes. Repare que a última semicolcheia de cada compasso antecipa o acorde que segue.

🔘 26   Exercício n° 33

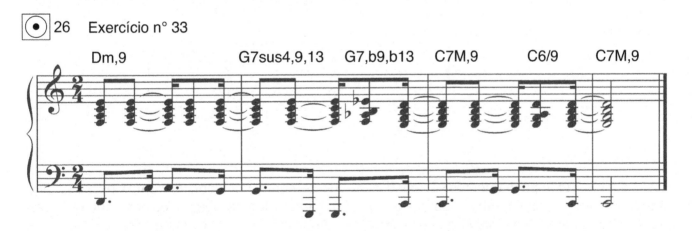

Observe-se a linha do baixo do exercício anterior. No primeiro compasso as notas se alternam entre a fundamental e o quinto grau do acorde. A última semicolcheia antecipa a nota sol, fundamental do acorde do segundo compasso. Depois de uma alternância de oitava, a última semicolcheia desse compasso antecipa o novo acorde. No terceiro compasso novamente aparece a alternância entre o primeiro e o quinto grau. Essa condução se aproxima à do samba.

O ACOMPANHAMENTO COM A MÃO ESQUERDA. Eis alguns exercícios para treinar o acompanhamento com a mão esquerda. Pense na mão dividida como mostra a figura abaixo. O quinto dedo da mão faz o baixo enquanto os restantes realizam os acordes.

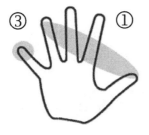

Acompanhamento em posição fechada:

27-1   Exercício n° 34

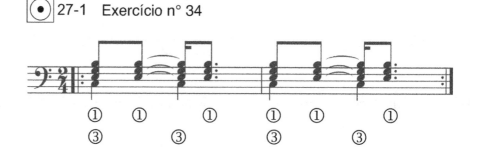

27-2   Exercício n° 35

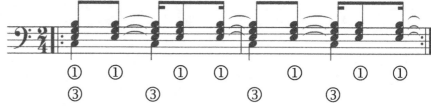

Acompanhamento em posição aberta:

Exercício n° 36

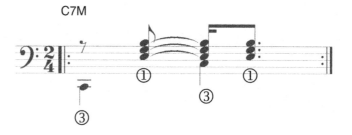

Esses simples acompanhamentos são usados, frequentemente, por pianistas como César Camargo Mariano, para se acompanhar nos solos em andamentos lentos. Observe, por exemplo, esse pianista na música *Quem diz que sabe* (DVD Leny Andrade & César Camargo Mariano *Ao Vivo*). Na mesma apresentação ao vivo, ainda, ele acompanha a música *Você vai ver* usando o **PADRÃO 2** de bossa apresentado na página anterior na sua versão *b*).

EXERCÍCIOS DE COORDENAÇÃO MELODIA/ACOMPANHAMENTO

Para aprimorar a coordenação das mãos, podemos praticar os dois exercícios a seguir. Neles encontramos, respectivamente, o acompanhamento em posição fechada e em posição aberta, na mão esquerda. Esse tipo de treinamento é muito útil, pois nos permite desenvolver a "independência" das mãos entre a melodia e o acompanhamento.

 28-1 Exercício n° 37

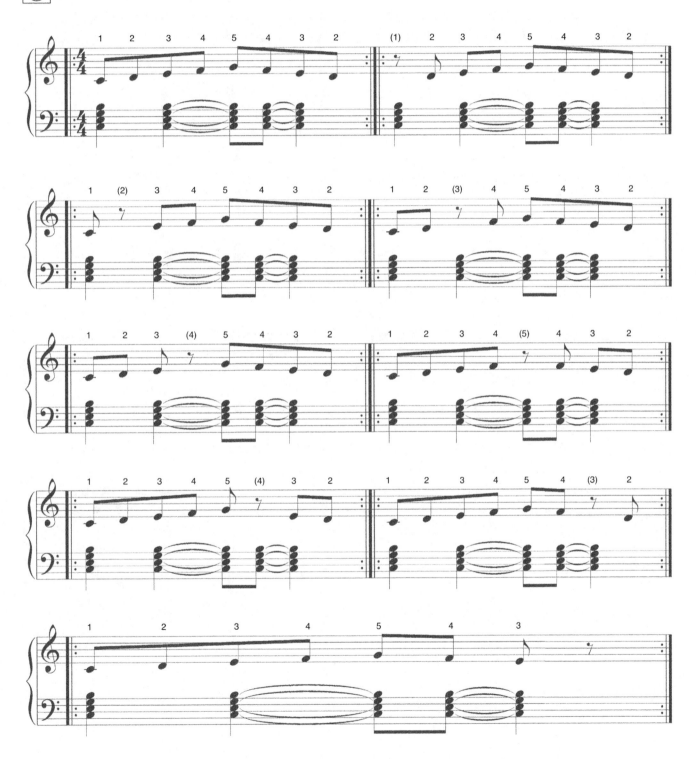

28-2

Coordenação melodia-acompanhamento agora com a mão esquerda em posição aberta.

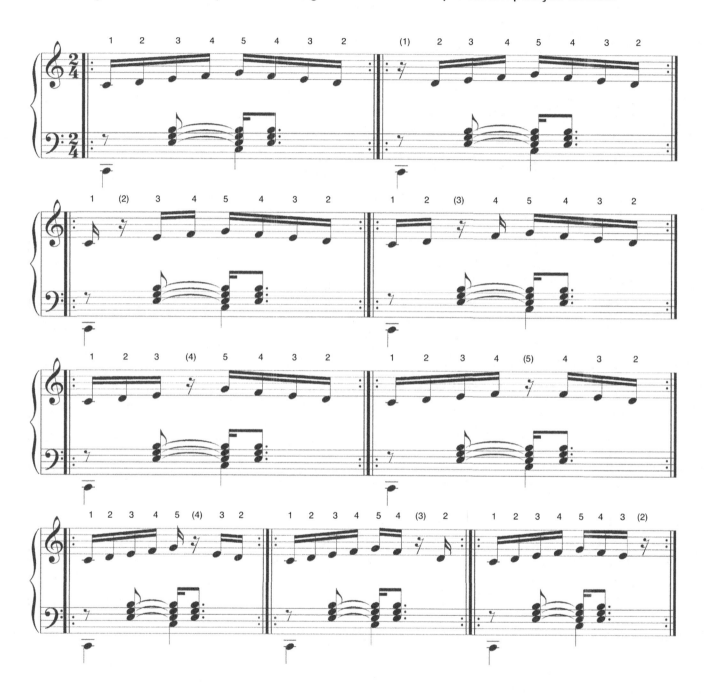

Você pode realizar esses últimos exercícios utilizando o acompanhamento do **Padrão 2**. Exercícios com semicolcheias na mão direita podem ser treinados com andamentos de 70 a 100 *bpm*. Trabalhe progressivamente, sem ter pressa de alcançar velocidades elevadas. Quanto mais lento for o treinamento melhor será o resultado.

Algumas sugestões de músicas: *Eu sei que vou te amar*, *Corcovado*, *Meditação* facilitam a aplicação do **Padrão 1**; para a aplicação do **Padrão 2** utilize, por exemplo, a música *A Insensatez*, em virtude de sua melodia antecipada em relação à pulsação.

Padrão 3

O padrão seguinte está baseado em uma das figuras típicas que os bateristas executam no aro da caixa. Essa figura rítmica é um padrão da assim chamada *clave de bossa nova* **3:2** (significa 3 toques no primeiro compasso e 2 toques no segundo).

O exercício a seguir mostra uma possível realização do padrão 3.

 29 Exercício n° 38

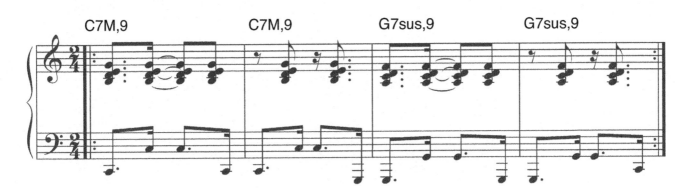

Padrão 4 (inversão do **Padrão 3**). Aqui a *clave de bossa nova* é indicada como **2:3** (significa 2 toques no primeiro compasso e 3 toques no segundo).

A figura abaixo mostra uma possível realização do padrão apresentado.

 30 Exercício n° 39

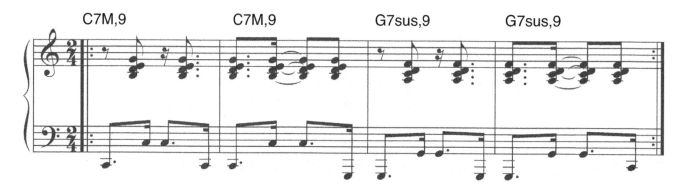

A BATIDA DE JOÃO GILBERTO

O próximo padrão corresponde à levada que João Gilberto utilizou na gravação da música *Desafinado* em 1958, época em que surgia a bossa nova. Os padrões 5 e 6 e suas variações, são os mais próximos ao samba e se aplicam muito bem a músicas como, por exemplo, *Lobo bobo* (C. Lyra e R. Boscoli), *Ela é carioca* (T.Jobim e V. de Moraes), *Só danço samba* (T. Jobim e V. De Moraes). [1]

PADRÃO 5

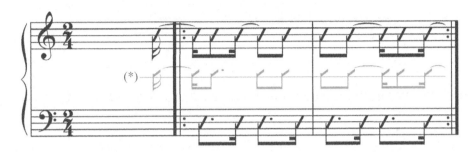

(*) João Gilberto usa, na música *Desafinado*, também essa variação.

A figura abaixo mostra uma possível realização do padrão apresentado.

31   Exercício n° 40

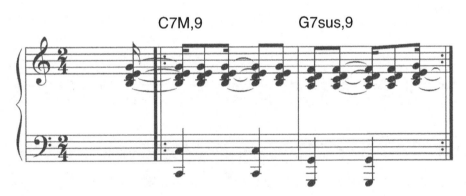

O exercício anterior mostra uma linha simplificada na mão esquerda. Isso é devido ao fato do acompanhamento da mão direita ser mais sincopado.

O próximo padrão de *bossa* é uma inversão do padrão 5 aqui apresentado. É obtido invertendo os dois compassos desse último, ou seja, começando pelo segundo compasso.

---

1) Para um aprofundamento da estética da bossa nova, da "batida" de João Gilberto e de seus desdobramentos, bem como para o estudo dos clichês rítmico-melódicos desse gênero musical, veja o meu livro *Piano Bossa Nova: Método progressivo* (livro + vídeos + áudios) disponível no site **www.pianobossanova.com.br**

PADRÃO 6

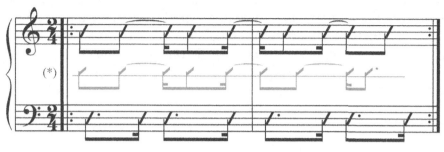

(*) Uma possível variação.

Os próximos exercícios mostram algumas possíveis realizações do **PADRÃO 6**.

 32-1   Exercício nº 41

 32-2   Exercício nº 42

 32-3   Exercício nº 43, estilização interessante do **PADRÃO 6**

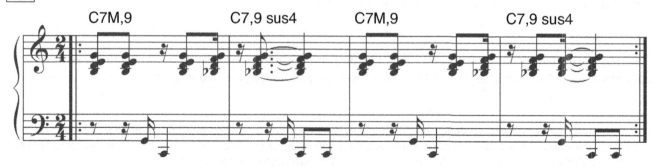

PADRÃO 7

Exemplos de realização:

33-1   Exercício n° 44

33-2   Exercício n° 45

33-3   Exercício n° 46

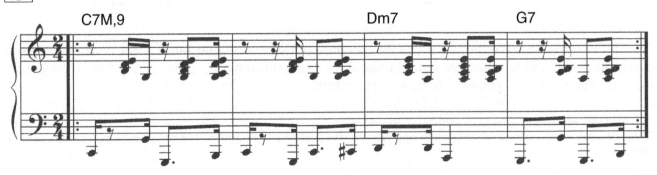

Uma característica da bossa nova nos andamentos lentos e médios é a de marcar todas as colcheias. Na bateria, por exemplo, isso é feito no prato de condução. Vejamos uma aplicação disso ao piano, na transcrição livre de um trecho da levada que César Camargo Mariano usa na música *Você vai ver* (Tom Jobim).[1]

TRANSCRIÇÃO: CÉSAR CAMARGO MARIANO (*VOCÊ VAI VER*)

Observe a divisão da mão direita em duas partes. O pianista tende a marcar todas as colcheias. No exemplo abaixo, as notas mais agudas são acentuadas, enquanto as outras são *ghost notes*. A faixa do CD tenta reproduzir o mais fielmente possível a maneira de C.C. Mariano executar essa levada.

 34   Exemplo 12

A SÍNCOPE NAS MELODIAS DA BOSSA NOVA E DO SAMBA

As melodias da bossa nova e do samba (me parece que isso possa bem se estender a outros estilos brasileiros também) são caracterizadas pela síncope. Vejamos:[2]

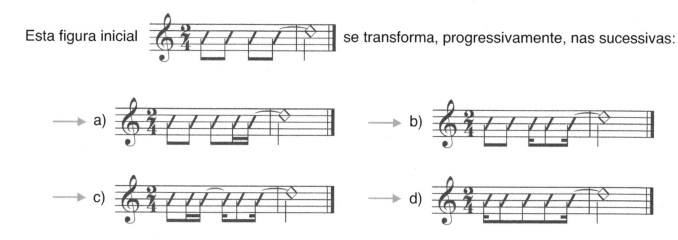

As figuras rítmicas sincopadas são muito comuns, portanto é útil se familiarizar com elas. Assim como para a melodia, a síncope está, também, na base da rítmica brasileira. O próximo parágrafo mostra esse conceito aplicado ao acompanhamento.

---

1) DVD Leny Andrade & César Camargo Mariano *Ao Vivo*.
2) Apresentei isso na página 41, proponho aqui novamente devido à sua grande importância e ao que iremos estudar a seguir.

3 EXERCÍCIOS DE CONTRATEMPO PARA A MÚSICA BRASILEIRA

Apresento aqui alguns estudos para aprimorar a percepção e a realização do contratempo, tocado com a mão direita. Na mão esquerda, a nota do primeiro tempo é tocada em *staccato*, enquanto a segunda é forte, representando o acento do bumbo. Para entender melhor, ouça as faixas do CD. Harmonicamente, a primeira nota toca a fundamental do acorde, enquanto a nota forte é, em muitos casos, representada pela quinta do acorde tocada oitava abaixo.

PADRÃO 1

A próxima figura mostra uma possível realização do PADRÃO 1 em Dó Maior.

Exercício nº 47

 35

Acrescentamos uma nota (indicada com ∗) na mão esquerda ao PADRÃO 1, para enriquecê-lo:

PADRÃO 2

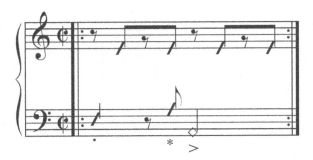

Os próximos exercícios mostram algumas possíveis realizações do Padrão 2 em Dó Maior. Em termos harmônicos a nova nota pode ser: a) a quinta do acorde oitava acima; b) a terça do acorde oitava acima; c) a mesma fundamental do acorde. Essas são as soluções mais comuns.

A próxima figura mostra a nova nota sendo a quinta do acorde oitava acima.

Exercício n° 48

 36-1

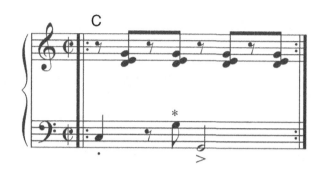

A próxima figura mostra a nova nota sendo a terça do acorde oitava acima.

Exercício n° 49

 36-2

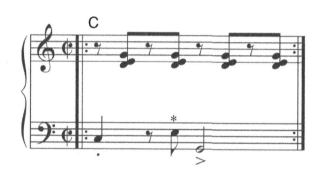

A próxima figura mostra a nova nota sendo a fundamental do acorde.

Exercício n° 50

 36-3

Padrão 3: acrescentando mais uma nota na mão esquerda (indicada com *)

Os próximos exercícios mostram algumas possíveis realizações do **Padrão 3** em Ré menor. Em termos harmônicos a nova nota pode ser: a) a quinta do acorde oitava acima; b) a terça do acorde oitava acima; c) a sétima do acorde oitava abaixo, criando uma nota de aproximação à fundamental.

A próxima figura mostra a nova nota representando a sétima do acorde.

Exercício n° 51

37-1

A próxima figura mostra a nova nota representando a quinta acima do acorde.

Exercício n° 52

37-2

A mão direita pode ser enriquecida com algumas notas a mais, como mostra a figura ao lado.

Apresento os próximos exercícios para treinar a alternância entre as partes da mão direita enquanto a mão esquerda pratica o acompanhamento proposto anteriormente.

Exercício n° 53

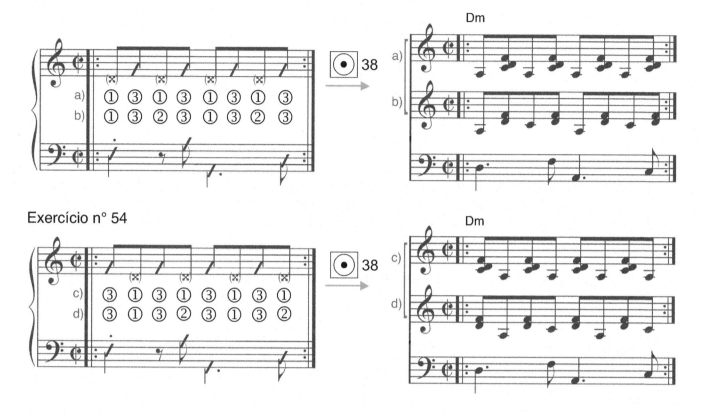

Exercício n° 54

Abaixo apresento algumas figuras interessantes para a mão esquerda. Essas podem ser aplicadas aos exercícios do apêndice de n° 116 a n° 122 (pág. 98 e 99) em forma de acordes.

Exercício n° 55

Exercício n° 56

Exercício n° 57

Exercício n° 58

Exercício n° 59. Escolha algumas escalas e pratique-as com a mão direita aplicando as síncopes estudadas no exercício n° 28 (pág.33). A mão esquerda toca nos padrões 1, 2 e 3 aqui apresentados. O próximo exercício mostra, por exemplo, a aplicação da síncope na escala de Dó Maior, com o **Padrão 3** na mão esquerda.

Exercício de coordenação melodia/acompanhamento

39   Exercício n° 60

4 SAMBA

O *samba* é caracterizado por uma rica polirritmia, em que diversos instrumentos propõem desenhos rítmicos diferentes. No piano, é possível construir várias figuras com a mão direita, muitas vezes baseadas nas levadas de específicos instrumentos de percussão, especialmente tamborim, pandeiro e agogô, enquanto a mão esquerda faz a função do baixo, marcando o acento dos surdos[1].

A figura rítmica do **Padrão 1** apresentado abaixo é a levada de samba mais tradicional. Deriva de um desenho de tamborim e é caracterizada por um andamento sincopado[2].

Padrão 1

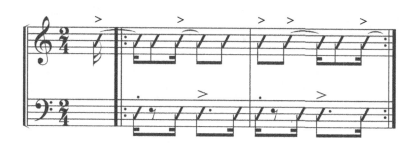

Nas levadas de samba aqui apresentadas, a primeira nota de cada compasso (primeiro tempo) na mão esquerda é tocada em *staccato*, enquanto na terceira nota (segundo tempo) reside o acento forte.

Exemplos de realização:

Exercício n° 61

C7M,9

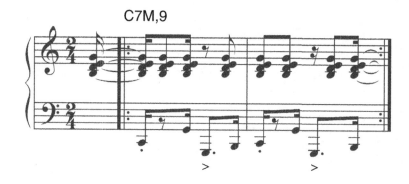

---

1) Nas escolas de samba existem 3 funções diferentes de surdo. O "surdo de primeira" é o que marca o segundo tempo do compasso (um-DOIS, um-DOIS) e tem, de regra, afinação mais grave. O "surdo de segunda" marca o primeiro tempo (UM-dois, UM-dois). Por último, o terceiro surdo, chamado "surdo de corte" ou "surdo de terceira", traça desenhos livres, ligando as batidas dos outros dois.

2) É importante fazer uma consideração preliminar: observando os padrões de samba apresentados nessas páginas, notamos que os desenhos rítmicos precisam sempre de dois compassos para completar-se. Poderíamos dizer, então, que o andamento de samba é em 4/4. Mas, devido à pulsação binária dos surdos, é convenção escrever os desenhos em 2/4.

É interessante variar a formação do acorde, assim como sua posição nas teclas (mediante inversão) para criar uma maior variedade sonora. O próximo exercício mostra a alternância entre o 6° e 7° grau do acorde, ao passo que o sucessivo acrescenta também uma inversão diferente. Esse último recurso é, por exemplo, típico da linguagem pianística de César Camargo Mariano.

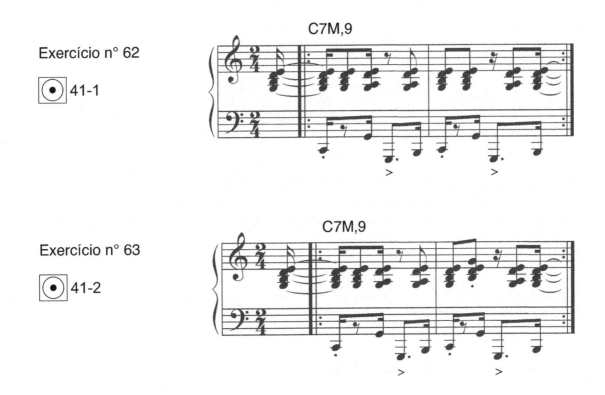

Exercício n° 62

41-1

Exercício n° 63

41-2

O exercício abaixo mostra uma possível aplicação do **Padrão 1** a uma sequência de acordes.

Exercício n° 64

42

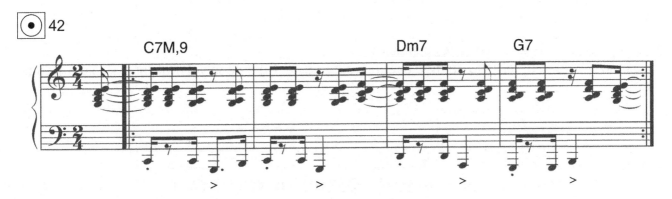

Quero ressaltar que o estudo repetido e a aplicação de cada padrão em determinados contextos são, sem dúvida, muito importantes. Ao mesmo tempo, é preciso observar que, em muitas circunstâncias, um bom músico procura variar seu acompanhamento ao longo da música, tornando o aspecto rítmico mais interessante. Uma boa forma de acompanhar é seguir a rítmica da melodia, valorizando suas características, ressaltando suas peculiaridades. Em outros casos, como no samba-funk, pode ser interessante manter uma determinada figura por mais tempo, sem procurar variações.

Uma característica da condução de samba nos instrumentos harmônicos como, por exemplo, piano, violão ou cavaquinho, é a anacruse no começo do primeiro compasso, assim como apresentado anteriormente pelo PADRÃO 1 no que diz respeito à mão direita. Isto é: normalmente não se marca o primeiro tempo do primeiro compasso; em vez disso, é marcado o primeiro tempo do segundo compasso. Veja a figura abaixo:

Normalmente, esse tempo se antecipa ou se omite   Esse tempo é tocado (mas pode também ser antecipado)

Contudo, podemos ter levadas, como as apresentadas abaixo, em que é marcado o primeiro tempo. Isso é usado especialmente no início das músicas ou em circunstâncias particulares (um *refrão*, um trecho especial, etc.). Nas figuras abaixo, as notas entre parênteses podem ser omitidas:

Observe que aqui se invertem os dois compassos que compõem o PADRÃO 1.

Com poucas modificações obtemos a figura seguinte:

APLICAÇÃO DA DIVISÃO DA MÃO DIREITA NO SAMBA

Aplicando o critério da divisão da mão direita (veja página 14) é possível realizar o **PADRÃO 1** como segue:

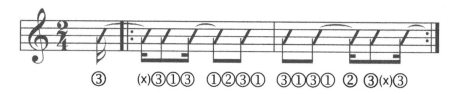

A divisão da mão se baseia no seguinte critério: a parte "3" da mão executa os acentos da batida, enquanto as partes "1" e "2" realizam *ghost notes* [1] nas outras pulsações. Essas *ghost notes* conferem *swing* à levada. Obviamente não é preciso colocar as *ghost notes* em todas as pulsações. Por exemplo, no padrão acima, escolhi não tocar duas notas, indicadas entre parênteses com (x).

---

(1) O termo inglês *ghost note* pode ser traduzido como "nota fantasma". Significa uma nota tocada com uma dinâmica muito leve, pouco perceptível.

O exercício seguinte mostra uma aplicação da divisão da mão direita assim como indicado acima.

 43-1 Exercício n° 65

O exercício abaixo apresenta uma variação de acorde no último compasso.

43-2 Exercício n° 66

TRANSCRIÇÃO DE LEVADA: *SAMAMBAIA* (CÉSAR CAMARGO MARIANO)

A figura seguinte é a transcrição de um trecho da levada que o pianista César Camargo Mariano usa na música *Samambaia* (do disco *Solo brasileiro*, Polygram M-518874-2, 1994), livremente interpretada em sua escrita. Além da divisão da mão direita, note nessa mão o *paradiddle* 7 no primeiro compasso. Os acentos desse desenho marcam, também, a polirritmia 3+3+2 (veja pág.37).

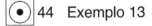 44 Exemplo 13

Desenhos de tamborim e sua aplicação ao piano

O tamborim é tocado com as duas mãos: uma baqueta bate a pele do lado de fora enquanto um dedo percute a pele do outro lado. A baqueta produz um som mais alto, resultando nos acentos mais fortes do tamborim. O dedo produz um som bem mais leve. É fácil aplicar isso ao piano transpondo o toque da baqueta à mão direita, enquanto a mão esquerda toca os acentos mais leves.

Desenho de Tamborim n° 1

Rítmica da baqueta, reproduzida, ao piano, com a mão direita

Rítmica do dedo contra a pele do tambor, reproduzida, ao piano, com a mão esquerda

Divisão entre as mãos

- Divisão da levada entre as mãos

O pianista pode dividir qualquer levada rítmica entre as mãos para realizar um acompanhamento. O próximo exercício mostra uma possível realização do Desenho 1: do tamborim para as teclas.

45   Exercício n° 67

- Divisão da levada em uma mão só

É possível dividir o desenho acima entre as partes de uma mão (veja a página 14). Observe a figura abaixo, referente à mão direita:

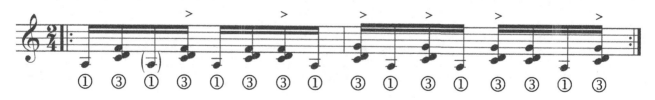

PADRÃO 2

Esta levada de *samba* está baseada no DESENHO 1 de tamborim apresentada anteriormente. A mão esquerda realiza os acentos do surdo junto ao acompanhamento de baixo.

Exemplos de realização do PADRÃO 2:

Exercício n° 68

46-1

Exercício n° 69

46-2

Exercício n° 70

47

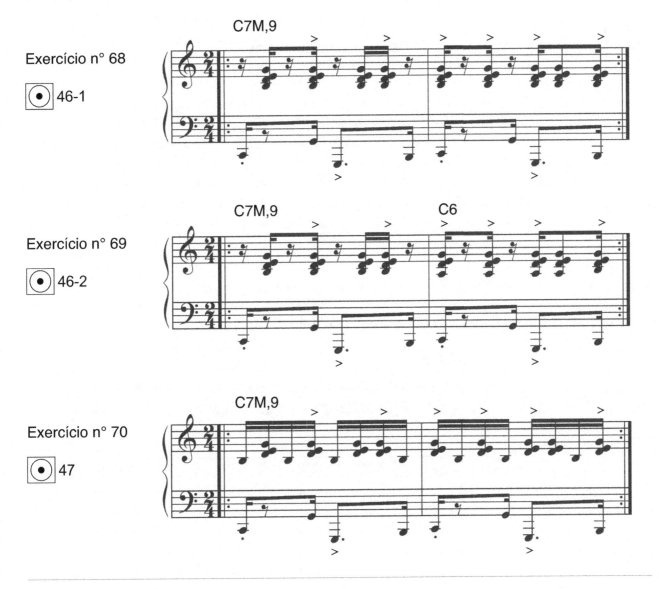

Apresento, em seguida, alguns outros desenhos característicos do tamborim.

Desenho de Tamborim nº 2

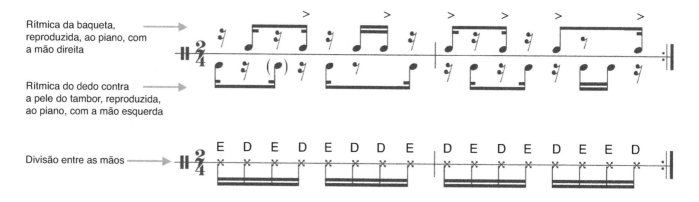

Rítmica da baqueta, reproduzida, ao piano, com a mão direita

Rítmica do dedo contra a pele do tambor, reproduzida, ao piano, com a mão esquerda

Divisão entre as mãos

Padrão 3

Esta levada de samba está baseada no Desenho 2 de Tamborim.

Exemplo de realização do Padrão 3 com a divisão da mão direita:

Exercício nº 71

[•] 48

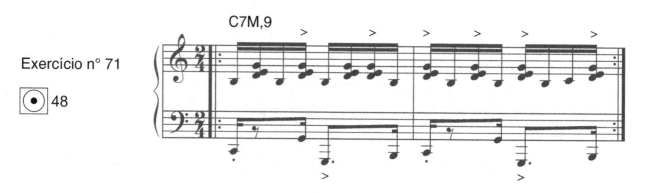

C7M,9

Desenho de Tamborim n° 3

Rítmica da baqueta, reproduzida, ao piano, com a mão direita →

Rítmica do dedo contra a pele do tambor, reproduzida, ao piano, com a mão esquerda →

Divisão entre as mãos →

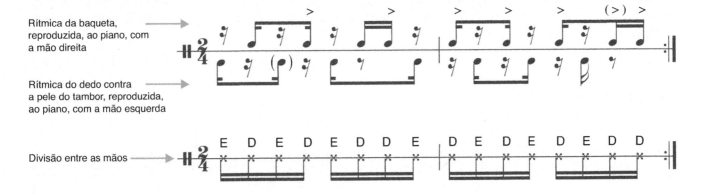

Padrão 4

Esta levada de samba está baseada no **Desenho 3** de Tamborim.

Exemplo de realização do **Padrão 4** com a divisão da mão direita:

Exercício n° 72

⦿ 49

C7M,9

EXERCÍCIO DE COORDENAÇÃO: ACOMPANHAMENTO NO CONTRATEMPO

Um recurso muito utilizado ao piano no samba-jazz é o acompanhamento no contratempo pela mão esquerda. O exercício abaixo propõe acompanhar o exercício n° 28 (pág. 33) com a mão esquerda sempre no contratempo.

50　Exercício n° 73　　　　　　　　　　　　(♩ = 120 bpm)

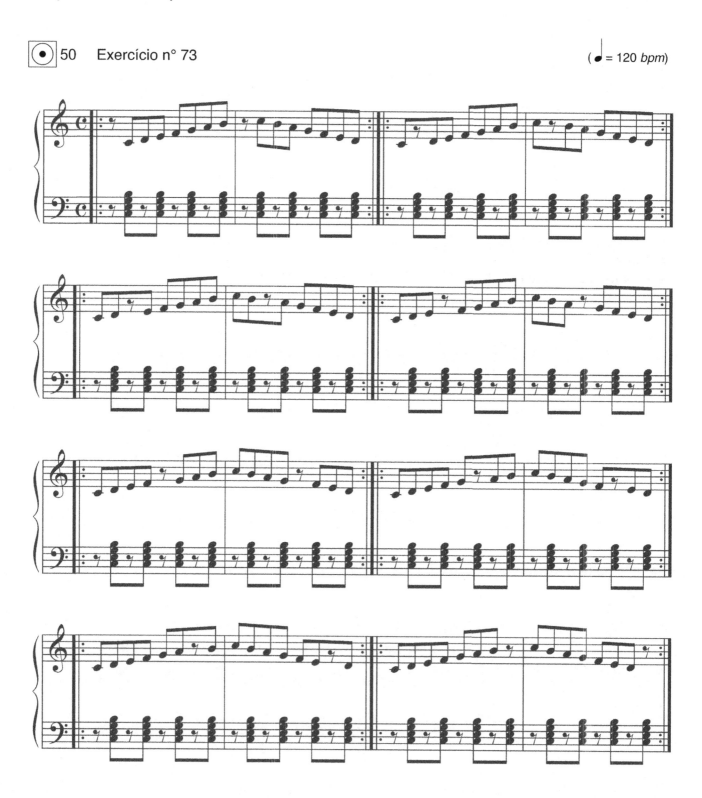

5 SAMBA-CANÇÃO

O *samba-canção* aparece no final da década de 1920. Caracterizado por melodias românticas e sentimentais, em andamento lento, o *samba-canção*, ou *choro-canção*, é influenciado pelo *bolero* mexicano. A primeira música que divulgou o gênero foi *Linda Flor*, em 1929. Compuseram *samba-canção* compositores como Noel Rosa (*Para que mentir*); Cartola (*As rosas não falam*); Nelson Cavaquinho e Guilherme de Brito (*A flor e o espinho*) entre outros.

O *samba-canção* é caracterizado por um andamento lento e usa a rítmica do *choro*. O baixo pode ser simples ou sincopado como na versão entre parênteses (veja figura a seguir):

PADRÃO 1

Exemplos de realização:

51-1   Exercício nº 74

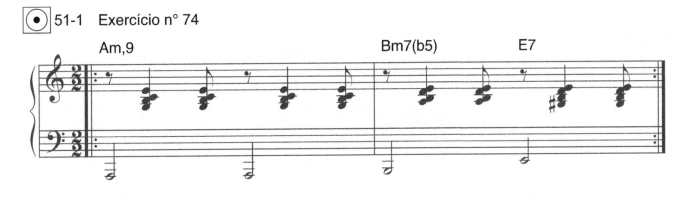

51-2   Exercício nº 75

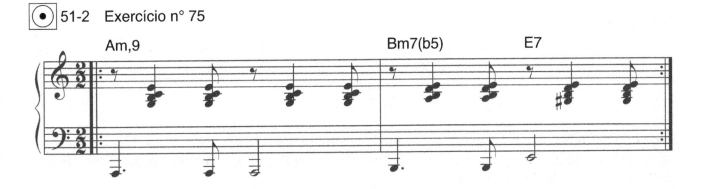

 51-3   Exercício n° 76

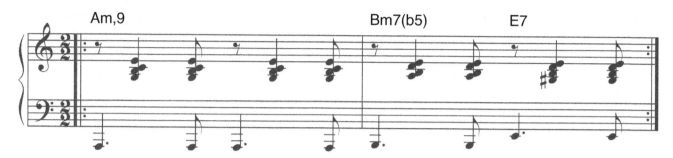

Outros padrões de samba-canção são indicados abaixo. As faixas do CD mostram as variações de acordo com a progressão harmônica anterior.

Padrão 2

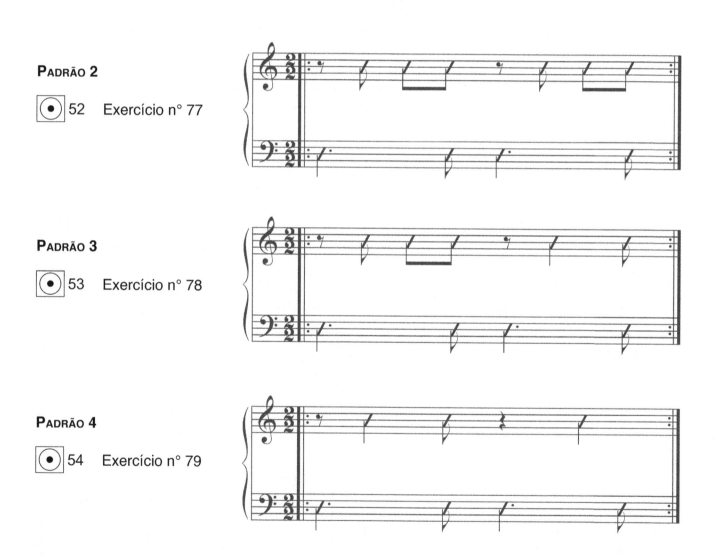

52   Exercício n° 77

Padrão 3

53   Exercício n° 78

Padrão 4

54   Exercício n° 79

Sugestão de músicas para praticar as levadas: *Manhã de carnaval* (L. Bonfá e A. Maria); *As rosas não falam* (Cartola); *Falando de amor* (T. Jobim); *Beijo Partido* (T. Horta); *Último desejo* (N. Rosa); *Tema de amor de Gabriela* (T. Jobim).

6 PARTIDO ALTO

O *partido alto* é um tipo antigo de samba tocado e cantado em roda, caracterizado por improvisações. Os participantes acompanham batendo palmas enquanto cantam. O desenho rítmico característico do *partido alto* é o do pandeiro. Segundo o historiador Ney Lopes, a partir dos anos 60, esse gênero tornou-se conhecido graças às gravações que, porém, eliminaram os improvisos. Grande foi o sucesso, nesse período, de Martinho da Vila. Zeca Pagodinho e Dudu Nobre estão entre os intérpretes mais populares. Graças a artistas como João Bosco e Toninho Horta, entre outros, o *partido alto* veio se transformando até os moldes atuais, em que o desenho do pandeiro é tocado entre baixo e bateria.

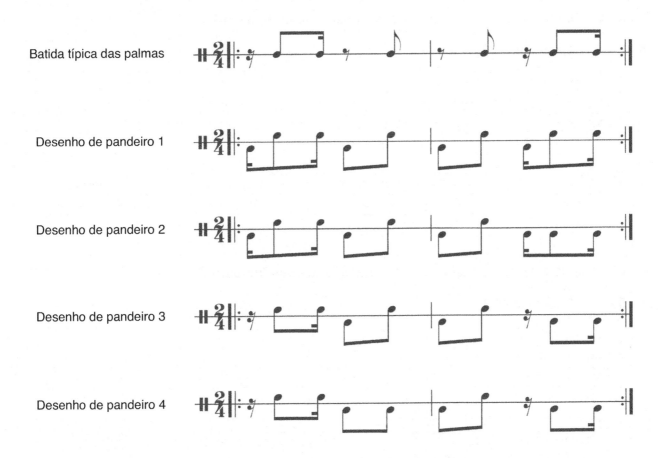

Batida típica das palmas

Desenho de pandeiro 1

Desenho de pandeiro 2

Desenho de pandeiro 3

Desenho de pandeiro 4

Estamos aqui simplificando o som do pandeiro, reduzindo-o apenas a dois sons: um mais grave e fraco tocado apenas com o polegar, outro agudo e forte, tocado com os dedos restantes. Isso pode ser imitado, ao piano, de duas formas:

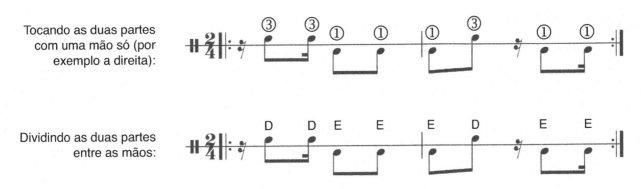

Tocando as duas partes com uma mão só (por exemplo a direita):

Dividindo as duas partes entre as mãos:

PADRÃO 1

(*) possível
variação

Os exercícios abaixo mostram exemplos de realização do **PADRÃO 1**.

 55-1   Exercício n° 80

Os próximos dois exercícios apresentam uma versão mais "moderna".

55-2   Exercício n° 81

O próximo exercício mostra uma variação no acorde da mão direita.

 55-3   Exercício n° 82

Outra maneira de tocar, ao piano, o **Padrão 1** é a proposta abaixo:

Padrão 2

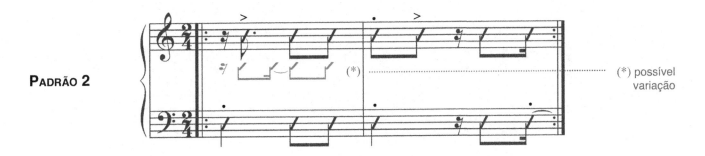

(*) possível
variação

Os exercícios abaixo mostram exemplos de realização do **Padrão 2**. O exercício n° 83 propõe uma pequena variação rítmica no baixo.

56   Exercício n° 83

Os próximos três exercícios apresentam uma versão mais "moderna".

57   Exercício n° 84

 58-1   Exercício n° 85

58-2   Exercício n° 86. Aqui é apresentada uma linha de baixo diferente.

Outra levada de partido alto pode ser obtida invertendo os dois compassos do Padrão 1.

Padrão 3

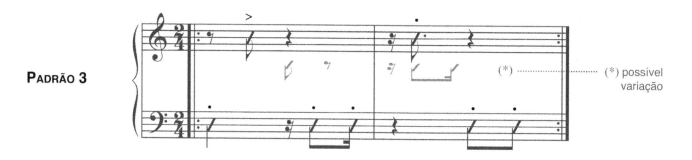

O exercício abaixo mostra algumas possíveis aplicações do Padrão 3.

59-1   Exercício n° 87

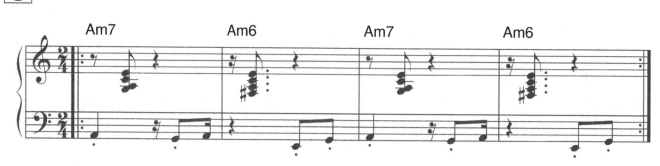

O próximo exercício inclui algumas variações na mão direita.

59-2   Exercício n° 88

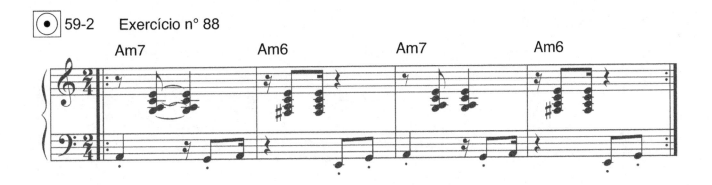

O próximo exercício propõe algumas variações para ambas as mãos:

60   Exercício n° 89

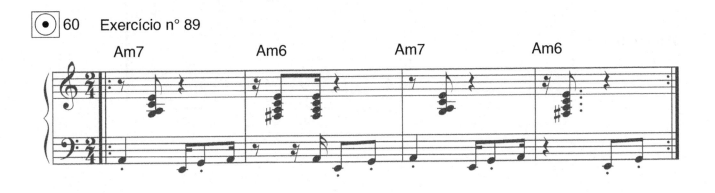

O padrão que segue é uma variante do padrão anterior.

PADRÃO 4

O exercício seguinte é um exemplo de realização do **Padrão 4**

61   Exercício n° 90

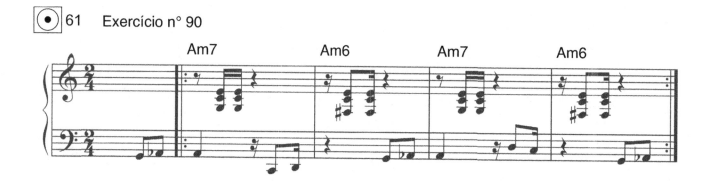

O **Padrão 5** é uma variante rápida de partido alto.

Padrão 5

O exercício abaixo mostra uma possível aplicação do **Padrão 5**.

62   Exercício n° 91

Apresento na próxima página, sob forma de exemplo, uma música que utiliza duas levadas diferentes: os compassos de 1 a 9 e de 18 a 25 estão baseados no *partido alto*, enquanto os restantes se desenvolvem em *samba*. Essa música faz óbvias referências a trechos musicais famosos.

Por outros sambas

Turi Collura

Por outros sambas - Exemplo de acompanhamento

63   Exemplo 14

Turi Collura

7 SAMBA-FUNK

Mistura de ritmos brasileiros com o *funk* dos EUA, o *samba-funk* nasce no final dos anos 60 pelas mãos de alguns músicos brasileiros liderados pelo pianista Dom Salvador. Eles formaram um grupo chamado *Grupo Abolição*. Nos anos 70 a banda *Black in Rio* desenvolveu um repertório baseado na fusão de funk, samba, jazz e ritmos brasileiros. O *samba-funk* emprega, às vezes, levadas de *partido alto*. Outras vezes acrescenta instrumentos da percussão do *samba* a uma levada *funk*. Além das bandas citadas acima, pode-se ver o trabalho dos pianistas Tânia Maria e Eumir Deodato.

Padrão 1

O exercício abaixo mostra uma possível aplicação do **Padrão 1**.

64   Exercício n° 92

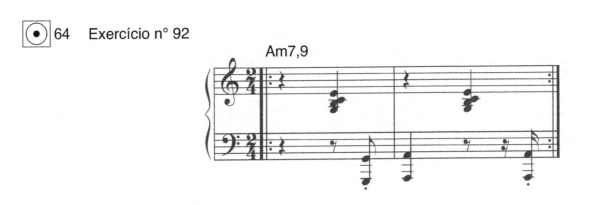

Padrão 2

O exercício abaixo mostra uma possível aplicação do **PADRÃO 2**.

⊙ 65   Exercício n° 93

Por ser um gênero oriundo da fusão de estilos, o samba-funk pode abrigar inúmeras levadas diferentes. Aqui apresento outra levada interessante.

⊙ 66   Exercício n° 94

Na próxima página apresento a transcrição, livremente interpretada, de um trecho da levada que a pianista Tânia Maria usa na música *Please don't go* (fonte: *Live on BET Jazz Central Show*).

Sugestão de músicas para praticar as levadas: *Casa Forte* (Edu Lobo); *Odara* (Caetano Veloso).

TRANSCRIÇÃO: *DON'T GO* (TÂNIA MARIA)

67 Exemplo 15

8 BAIÃO

Trata-se de uma dança e um estilo de origem nordestina popularizados por Luiz Gonzaga. Através dele, o baião seguiu para o Rio de Janeiro nos anos 40. Tradicionalmente, os principais instrumentos são o acordeon, a zabumba, o triângulo e a voz, podendo também ser somente instrumental. Alguns dos mais conhecidos expoentes da tradição são Luiz Gonzaga, Dominguinhos e Jackson do Pandeiro. Hoje os instrumentos originais cedem o lugar a outros como baixo, bateria, violão, piano, etc. O *baião* passa então a ser associado à linguagem jazzística através de músicos como Hermeto Paschoal, Egberto Gismonti, Tânia Maria, Wagner Tiso entre outros.

PADRÃO 1

O próximo exercício mostra uma possível aplicação do **PADRÃO 1**.

68   Exercício n° 95

PADRÃO 2

O próximo exercício mostra uma possível aplicação do **P**ADRÃO **2**.

 69   Exercício n° 96

PADRÃO **3**

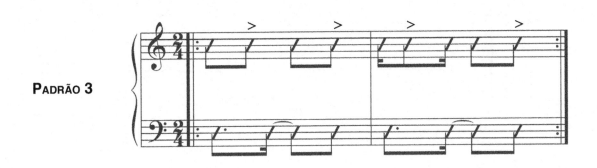

O próximo exercício mostra uma possível aplicação do **P**ADRÃO **3**.

 70   Exercício n° 97

Outra realização do **P**ADRÃO **3** pode ser a do exercício n° 98.[1]

🎧 71   Exercício n° 98

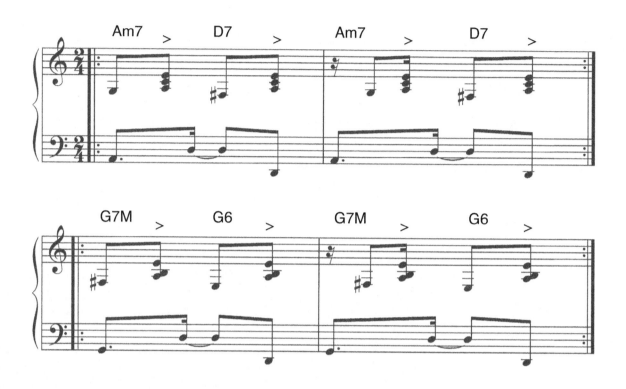

PADRÃO **4**

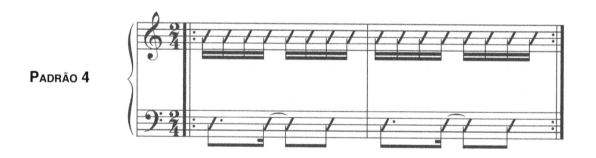

Na realização do padrão acima, a mão direita pode omitir algumas notas, gerando assim variedade na execução. Os exercícios seguintes propõem algumas possibilidades.

---

(1) Trata-se da adaptação ao piano de uma levada que Marcos Pereira realiza no violão (vide referências bibliográficas).

72-1 Exercício nº 99 (todos os exercícios desta página em C7,9)

72-2 Exercício nº 100

72-3 Exercício nº 101

72-4 Exercício nº 102

Os próximos dois exemplos se baseiam no **Padrão 4** e oferecem desenhos típicos do acordeon. Podemos observar que o estudo do *single stroke* (*um e um*) e do *double stroke* (*papa-mama*) são úteis para a realização da mão direita.

73   Exercício n° 103

C7,9 (#11)

74   Exercício n° 104

C7,9 (#11)

O próximo exemplo mostra outros desenhos interessantes. Acompanhe junto ao CD.

75 Exemplo 16

EXERCÍCIOS DE COORDENAÇÃO MELODIA/ACOMPANHAMENTO

Pratique os exercícios das páginas 98 e 99 para treinar a coordenação melodia/acompanhamento no baião. Em seguida mais dois exercícios:

76 Exercício n° 105

...etc.

O próximo exercício dobra a velocidade da mão direita.

77 Exercício n° 106

9 CHORO

Nascido na segunda metade do século XIX no Rio de Janeiro, o *choro* surgiu da influência de estilos como *polka*, *schottisches* e outras valsas européias, e, sucessivamente, do *maxixe* e outros elementos afro-brasileiros. No decorrer do tempo, passou por algumas modificações até chegar aos nossos dias. O conjunto típico é composto, basicamente, por flauta, cavaquinho, violão e violão de 7 cordas. Logo, a esse tipo de conjunto, se agregam outros instrumentos como pandeiro, bandolim, clarinete, saxofone, trompete, etc. Dois pioneiros que adaptaram o *choro* ao piano foram Chiquinha Gonzaga e Ernesto Nazareth. Figuras importantes do choro foram Pixinguinha, Jacob do Bandolim, K-Ximbinho, Radamés Gnattali, Altamiro Carrilho, Garôto, João Pernambuco, entre outros. Mais recentemente, compositores como Tom Jobim, Hermeto Paschoal, Paulo Moura, Hamilton de Holanda, Guinga, Egberto Gismonti, Luizinho Eça fizeram própria a linguagem desse gênero musical, marcando-o, às vezes, com uma leitura pessoal que o renovou, mesmo respeitando sua essência.

Seguem alguns exemplos da literatura pianística tradicional[1], através dos quais podemos observar os principais padrões rítmicos utilizados nesse âmbito:

78-1   Exemplo 17   *Gaúcho* (Chiquinha Gonzaga), *batuque* dos primeiros compassos:

Observamos, ainda, os primeiros compassos da mesma composição, depois o *batuque*:

Exemplo 18

---

1) Todos os exemplos citados aqui são de domínio público.

78-2   Exemplo 19 *Tango Habanera* (Ernesto Nazareth)

78-3   Exemplo 20   *Escovado* (Ernesto Nazareth)

Os exemplos pianísticos apresentados sugerem algumas levadas, articuladas entre as mãos:

Traduzindo em levadas para a mão esquerda, obtemos os seguintes exemplos:

79 Exemplo 21 Acompanhamento pianístico tradicional

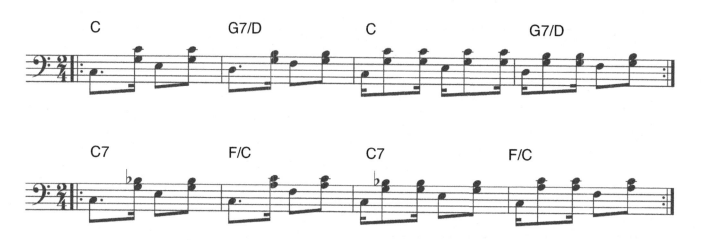

É fácil observar que os exemplos pianísticos apresentados aqui se remetem aos principais padrões rítmicos do choro, indicados em seguida.

PRINCIPAIS PADRÕES RÍTMICOS DO CHORO

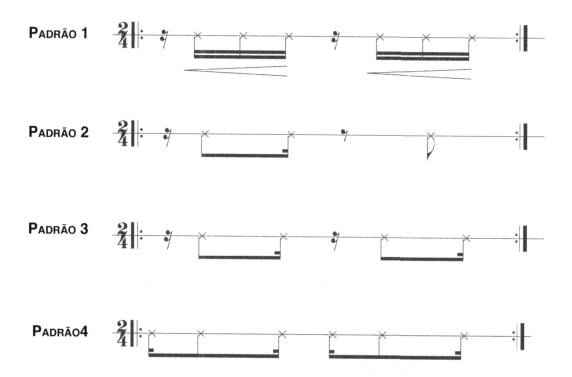

O **Padrão 1** pode ser executado ao piano como mostra o exercício abaixo:

⦿ 80   Exercício n° 107

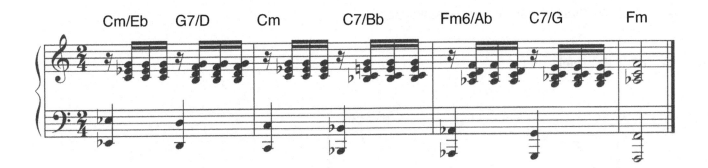

O próximo exercício mostra uma possível realização do **Padrão 2**:

⦿ 81   Exercício n° 108

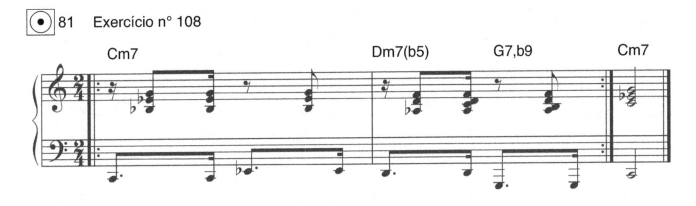

O **Padrão 3** pode ser executado ao piano como mostra o exercício abaixo:

⦿ 82   Exercício n° 109

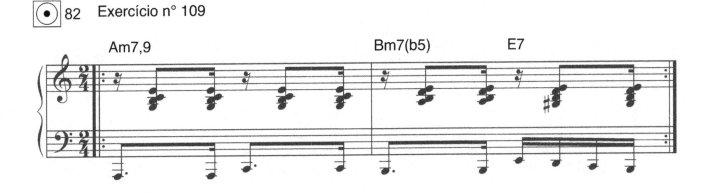

O **Padrão 4** é provavelmente o mais usado no acompanhamento da mão esquerda. A figura seguinte propõe a realização do exercício n° 28 (pág. 33) acompanhado por essa levada (aqui o exercício está escrito em 2/4).

Exercício de coordenação melodia/acompanhamento

 83   Exercício n° 110

10 MARACATU

Nascido no estado de Pernambuco, o *Maracatu* é caracterizado por uma rítmica marcante que resulta da polirritmia dos vários instrumentos de percussão utilizados. Apresento em seguida algumas levadas características dos instrumentos:

Uma aplicação interessante ao piano é a seguinte: a mão direita faz o desenho do agogô, a esquerda a do surdo. De preferência, na mão direita, as notas com os acentos são executadas em *staccato*. Veja o padrão abaixo:

PADRÃO 1

 84   Exercício n° 111

O próximo padrão apresenta uma variação no desenho da mão direita.

Padrão 2

 85   Exercício n° 112

O desenho do repique pode ser imitado pela mão direita como mostra o próximo padrão:

Padrão 3

 86   Exercício n° 113

Transcrição de levada: *Maracatu* (Egberto Gismonti)

O exemplo seguinte é a transcrição da levada que Egberto Gismonti usa no começo da música *Maracatu* (EMI-Odeon 064 422965, 1986).

 87   Exemplo 22

11 FREVO E MARCHA-RANCHO

Ritmo ligado à dança e ao carnaval pernambucano, o *frevo* se dá, geralmente, em andamentos muito rápidos. Por ter se desenvolvido como gênero de rua, o piano não participa de sua instrumentação típica, baseada em trombones, trompetes, clarinetes e saxofones. Um exemplo de realização de *frevo* com o uso do piano se encontra, por exemplo, na música de Edu Lobo chamada *frevo-diabo*. Ali, o piano realiza a levada 2) em acordes.

A *marcha-rancho* é baseada nas mesmas células rítmicas do *frevo*, mas em andamento lento; vejam-se, por exemplo, as músicas *As Pastorinhas* (Noel Rosa), *Noite dos Mascarados* (Chico Buarque), *O Rancho da Goiabada* (João Bosco e Aldir Blanc).

Abaixo observamos alguns padrões de levada característicos, que podem ser reproduzidos ao piano:

Os próximos exemplos mostram uma *marcha-rancho* (padrão 1) e um *frevo* (padrão 2).

PADRÃO 1

88   Exercício n° 114

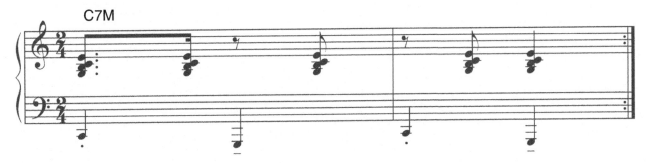

PADRÃO 2

89   Exercício n° 115

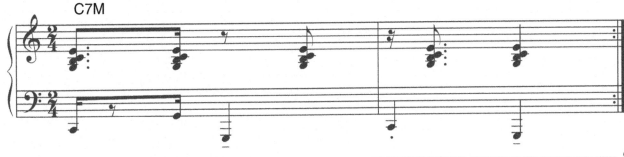

Completamos o estudo dos principais padrões rítmicos aplicados aos mais salientes gêneros musicais brasileiros.

No meu livro "O Piano Brasileiro" (veja bibliografia) encontra a **aplicação** dessas rítmicas em quinze músicas, com dificuldade progressiva. Neste método multimédia (livro + vídeos + áudios) estudamos a realização de músicas em **piano solo** e dos seus **acompanhamentos** nos seguintes gêneros: Baião, Frevo, Marcha-rancho, Choro, Bossa nova, Samba, Partido-Alto. Encontre maiores informações no site **www.opianobrasileiro.com**.

Apêndice

Exercícios de Coordenação e Independência

Eis aqui uma série de exercícios que acompanham o estudo do livro. Os exercícios de 116 a 122 oferecem alguns desenhos melódicos para a mão direita, cada um dos quais podendo ser acompanhado por diferentes levadas, a serem realizadas com a mão esquerda. A figura abaixo mostra em detalhe o funcionamento: à linha da mão direita do exercício n° 116, acoplamos, uma de cada vez, várias linhas de acompanhamento, evidenciadas abaixo. Sugiro executar cada figura repetidamente, antes de deixá-la. Os acompanhamentos de 1 a 4 podem ser tocados em seguida (*bpm* de 70 a 100). Acompanhe o CD para entender o procedimento. Coloque na mão esquerda apenas uma nota, um acorde de Dó maior, ou uma linha de baixo, tanto faz. O importante é desenvolver a coordenação rítmica.

⊙ 90   Exercício n° 116

Eis aqui alguns outros desenhos melódicos para a mão direita. Proceda como no exercício anterior, praticando os vários acompanhamentos. Experimente, da mesma forma, executar arpejos, escalas, frases, etc.

É também interessante usar o mesmo padrão de acompanhamento enquanto a mão direita realiza os exercícios de 116 a 122, isto é, toque os desenhos melódicos de todos esses exercícios mantendo o mesmo acompanhamento. A faixa nº 91 do CD mostra esse procedimento utilizando, por exemplo, o acompanhamento 9 (baião).

REFERÊNCIAS BIBLIOGRÁFICAS

Parte da proposta pedagógica contida neste livro é fruto de pesquisa pessoal e de elaborações e codificações próprias. No entanto, não é possível produzir nenhum trabalho científico sem que esteja inserido em um contexto teórico já consolidado. Apresento aqui alguns dos livros que influenciaram minha pesquisa e a elaboração deste trabalho, fontes importantíssimas para a investigação.

- ADOLFO, Antonio. *Brazilian music workshop*. Rottenberg N., Alemanhã: Advance Music, 1993.

- ALMEIDA, Laurindo. *Latin percussion instruments and rhythms*. Sherman Oaks, CA: Gwyn Publishing Company, 1972.

- BOLÃO, Oscar. *Batuque é um privilégio*. Rio de Janeiro: Lumiar, 2003.

- BRANDÃO, Fernando. *Brazilian and afrocuban jazz conception*. Rottenberg N., Alemanhã: Advance Music, 2006.

- CALDEIRA, Jorge. *A construção do samba*. São Paulo: Mameluco, 2007.

- COLLURA, Turi. *Improvisação: Práticas criativas para a composição melódica na música popular*. Voll.1 e 2. São Paulo: Irmãos Vitale, 2008.

- COLLURA, Turi. *Piano Bossa Nova: Método Progressivo*. Vitória: Terra da Música, 2011.

- COLLURA, Turi. *O Piano Brasileiro: Ritmos, Músicas, Acompanhamento, Piano Solo e Duos*. Vitória: Terra da Música, 2019.

- DINIZ, André. *Almanaque do samba*, 2ª edição. Rio de Janeiro: Jorge Zahar Editor, 2006.

- FARIA, Nelson. *The brazilian guitar book*. Petaluma, CA, EUA: Ed. Sher Music Co, 1995.

- FARIA, Nelson, KORMAN, Cliff. *Inside the brazilian rhythm section*. Petaluma, CA, EUA: Scher Music Co, 2001.

- FONSECA, Duduka, WEINER, Bob. *Brazilian rhythms for the drumset*. New York: Manhattan Music Inc, 1991.

- GIFFONI, Adriano. *Música brasileira para contrabaixo*. Vol. 1. São Paulo: Irmãos Vitale, 1997.

- GIFFONI, Adriano. *Música brasileira para contrabaixo*. Vol. 2. Rio de Janeiro: Lumiar, 2002.

- GRAMANI, José Eduardo. *Rítmica*. São Paulo: Perspectiva, 2002.

- LOPES, Ney. *Partido-alto: samba de bambas*. São Paulo: Pallas, 2005.

- PEREIRA, Marco. *Ritmos brasileiros para violão*. Rio de Janeiro: Garbolight Produções Artísticas, 2007.

- RICHERME, Claudio. *A técnica pianística. Uma abordagem científica*. São João da Boa Vista, SP: AIR Musical, 1997.

- ROCCA, Edgard. *Ritmos brasileiros e seus instrumentos de percussão*. Rio de Janeiro: Europa Editora, 1986.

- SÈVE, Mario. *O Vocabulario do choro, estudos e composições*. Rio de Janeiro: Lumiar, 1999.

OUTRAS PUBLICAÇÕES DO AUTOR:

O PIANO BRASILEIRO: RITMOS, MÚSICAS, ACOMPANHAMENTO, PIANO SOLO E DUOS

Aprenda a tocar os principais ritmos brasileiros (choro, baião, samba, bossa nova, frevo, partido-alto, marcha-rancho) com este método prático e completo.

Aprenda a tocar em piano solo e a acompanhar outros instrumentos.

Conheça técnicas inovadoras em um percurso gradativo de aprendizagem: são 15 músicas com diferentes níveis de desenvolvimento, 78 exercícios, diversos padrões rítmicos para o acompanhamento. Contém 136 páginas.

O repertório apresentado, composto por músicas autorais e de compositores consagrados, oferece versões para piano solo e piano acompanhador.

Compre o livro, baixe os vídeos e os áudios que integram o estudo. Assista aos vídeos demonstrativos, utilize as bases áudio para estudar as músicas e praticar os exercícios e os padrões rítmicos.

PIANO BOSSA NOVA: MÉTODO PROGRESSIVO

Aprenda a tocar bossa nova com esse método progressivo, prático e completo!

Conheça técnicas inovadoras e um percurso gradativo de aprendizagem: são 7 músicas, 50 diferentes exercícios, inúmeros exemplos e análises para o desenvolvimento, passo a passo, das habilidades pianísticas.
Aprenda a tocar em várias formações (piano solo, duo, trio, etc).

Organizado em oito unidades muito ricas em conteúdo, o método oferece um estudo detalhado e sequencial da harmonia da bossa nova, de seus padrões rítmicos, de seus clichês e de suas características estético-musicais. Além dos exercícios, as técnicas apresentadas são postas em prática através de sete músicas com dificuldade progressiva.

Compre o livro, baixe os vídeos e os áudios que integram o estudo. Assista aos vídeos demonstrativos, utilize as bases áudio para estudar as músicas e praticar os exercícios e os padrões rítmicos.

Baixe os arquivos de áudio e de vídeo que acompanham o livro visitando a página:

https://www.terradamusica.com.br/mylibrary

Para o *download*, use o código:
RITLEV19

Made in the USA
Las Vegas, NV
29 July 2021